"十四五"职业教育国家规划教材

基础会计
学习指导、习题与实训

（第六版）

JICHU KUAIJI XUEXI ZHIDAO XITI YU SHIXUN

新准则 新税率

主 编 王 炜 王 辉

新形态
教材

本书另配：课程标准
　　　　　动画视频
　　　　　参考答案等

中国教育出版传媒集团

高等教育出版社·北京

内容提要

本书是"十四五"职业教育国家规划教材。

全书由九个项目组成,项目一、项目三包括学习指导和习题两个部分,其余七个项目包括学习指导、习题和实训三个部分。习题部分根据主教材的内容,设有判断题、单项选择题、多项选择题、业务题、思考题等题型,覆盖了主教材中学生应知应会的内容。实训部分通过模拟企业发生的经济业务,使学生熟悉和掌握会计核算的基本程序和步骤,进而能够完成一个会计循环的账务处理,为后续财务会计等模拟实训的学习打好基础。为方便教学,本书另配有动画视频、习题与实训参考答案等教学资源。

本书可作为高等职业本科院校、高等职业专科院校财务会计类专业的教学用书,也可作为财务会计人员、企业管理人员学习和培训用书。

图书在版编目(CIP)数据

基础会计学习指导、习题与实训 / 王炜,王辉主编.
6 版. -- 北京:高等教育出版社,2024.8(2024.9 重印). -- ISBN 978-7-04-062389-5

Ⅰ. F230

中国国家版本馆 CIP 数据核字第 20243CH862 号

策划编辑	毕颖娟 李 晶	**责任编辑** 李 晶	**封面设计** 张文豪	**责任印制** 高忠富

出版发行	高等教育出版社	网 址	http://www.hep.edu.cn
社 址	北京市西城区德外大街 4 号		http://www.hep.com.cn
邮政编码	100120	网上订购	http://www.hepmall.com.cn
印 刷	上海盛通时代印刷有限公司		http://www.hepmall.com
开 本	787mm×1092mm 1/16		http://www.hepmall.cn
印 张	18	版 次	2002 年 9 月第 1 版
字 数	334 千字		2024 年 8 月第 6 版
购书热线	010-58581118	印 次	2024 年 9 月第 2 次印刷
咨询电话	400-810-0598	定 价	39.90 元

本书如有缺页、倒页、脱页等质量问题,请到所购图书销售部门联系调换

版权所有 侵权必究
物 料 号 62389-00

第六版前言

本书是"十四五"职业教育国家规划教材。

本书为《基础会计》(第六版)配套用书,是在第五版基础上修订而成的。本书于2002年、2006年、2014年、2018年、2021年分别出版了第一版、第二版、第三版、第四版和第五版,其间还经过了数次修订,经过20余年的使用,受到了众多高职院校师生的肯定。

"十年之计,莫如树木。终身之计,莫如树人。"党的二十大报告指出:"教育、科技、人才是全面建设社会主义现代化国家的基础性、战略性支撑。"教材在推动现代化教育体系建设中具有基础性作用,应将"为党育人""为国育才"作为教材编写工作的第一要义。随着高等职业教育形势的发展,社会人才需求的变化,以及一些新的财经法规的颁布,高等教育出版社顺应高等职业教育发展的需要,组织编者对第五版进行了修订。

第六版教材具有以下特色:

(1)按照"任务引领,项目导向"的指导思想进行整体设计。对全书的内容重新进行了整合,以具体训练项目为途径培养学生的综合职业能力。

(2)从"职业能力"分析出发,紧紧围绕完成会计核算工作任务的需要来选择教材内容。按照实际会计工作程序,从设置会计岗位开始到会计档案装订归档为止来设计教材内容。

(3)全书共有九个项目,项目一、项目三包括学习指导和习题两个部分,其余七个项目包括学习指导、习题和实训三个部分。习题部分根据主教材的内容,分别设有判断题、单项选择题、多项选择题、业务题、思考题等题型,对应知应会内容进行训练,其内容覆盖了基础会计的各个方面。实训部分通过模拟企业经济业务,对学生着重进行会计核算的基本知识和要求、基本方法与基本技能的训练,要求学生熟悉和掌握会计核算的基本程序和步骤,最终能够完成一个会计循环的账务处理,为后续财务会计等模拟实训的学习打好基础。

(4)对部分内容进行了修订,在教材中采用全面数字化的电子发票,新增会计信息化技能实训内容,以体现更新的财经法规的要求,更好地适应时代的发展和经济业务实践的变化。

本书由安徽商贸职业技术学院王炜教授和安徽工商职业学院王辉教授任主编,编写人员还有安徽商贸职业技术学院黄秀兰和弋兴飞老师。具体编写分工为:王辉编写各项目的习题;王炜、黄秀兰、弋兴飞编写项目八的实训;其余部分由王炜编写。全书由王炜进行总纂定稿。

为方便教学,本书另配有动画视频、习题与实训参考答案等教学资源,教师可凭书后所附的"教学资源服务指南"向出版社索取。

本书在修订过程中承蒙各高等职业院校领导和同仁的大力支持,在此一并表示感谢。

由于编者水平有限,书中难免有疏漏之处,恳请读者批评指正。

编 者
2024年7月

目　录

资源导航

项目一　设置会计岗位

学习指导

一、会计概述

（一）会计的概念及特征

会计是以货币为主要计量单位,采用专门方法和程序,对一定主体的经济活动进行连续、系统、全面的核算与监督,以提供会计信息和反映受托责任履行情况为主要目的的经济管理活动。

会计具有以下特点:

（1）以货币作为主要计量单位。

（2）运用一系列科学的专门方法。会计方法是由会计核算方法、会计检查方法、会计分析方法等构成。其中会计核算方法是会计的基本方法,包括设置会计科目及账户、复式记账、填制和审核凭证、登记账簿、成本计算、财产清查和编制财务会计报告七种方法。

（3）会计具有核算和监督的基本职能。

（4）会计的本质就是管理活动。

（二）会计的基本职能

会计的基本职能是会计核算和会计监督。

会计核算和会计监督两个基本职能存在密切的内在联系,两者相辅相成。会计核算是基础,会计不能离开核算而孤立地进行监督,离开了核算,监督就没有依据;同时,核算的过程也是监督的过程,只有通过监督才能进行有效核算,保证核算资料的真实可靠,离开了监督,核算就没有保证。因而,会计既要核算,又要监督。

（三）会计对象和会计核算的具体内容

1. 会计对象

会计的一般对象是企业、行政机关、事业等单位在社会再生产过程中可以用货币表现的经济活动。会计的具体对象依据各单位会计工作内容的不同而有所不同。

2. 会计核算的具体内容

（1）资产的增减和使用。

（2）负债的增减。

（3）净资产(所有者权益)的增减。

（4）收入、支出、费用、成本的增减。

1

（5）财务成果的计算和处理。

（6）其他需要办理会计手续，进行会计核算的事项。

（四）会计目标

1. 提供会计信息

提供会计信息是指向财务报告使用者提供企业的财务状况、经营成果和现金流量等有关的会计信息。

2. 反映受托责任履行情况

会计应当反映企业管理层受托责任履行情况，有助于财务报告使用者作出经济决策。

（五）会计基本假设

1. 会计主体

会计主体是指具有独立的资金、独立地进行经济活动、独立地进行会计核算的单位。它是会计核算的前提条件之一，为会计工作规定了空间范围。

2. 持续经营

持续经营是指会计核算应以企业既定的经营方针、目标和持续正常的生产经营活动为前提。在会计主体确定的条件下，如果企业能永久经营下去，企业采用的会计方法、会计程序才能稳定，才能准确地反映企业财务状况和经营成果。

3. 会计分期

会计分期是指将会计主体连续不断的生产经营活动人为地分割为一定的期间，据以记账和编制财务会计报告，及时地提供有关财务状况和经营成果的会计信息。《中华人民共和国会计法》（以下简称《会计法》）规定会计年度自公历 1 月 1 日起至 12 月 31 日止。

4. 货币计量

货币计量是指会计以货币作为主要计量单位，对企业生产经营活动和财务状况进行综合反映，并假定货币本身代表的价值量是基本稳定不变的。我国企业会计制度规定，企业的会计核算以人民币为记账本位币。业务收支以人民币以外的货币为主的企业，可以选定其中一种货币作为记账本位币，但编制的财务会计报告应当折算为人民币。在境外设立的中国企业向国内报送的财务会计报告，也应当折算为人民币。

（六）会计基础

会计基础可分为权责发生制和收付实现制两类。权责发生制是指以权利和责任的发生来决定收入和费用的归属。收付实现制是与权责发生制相对应的一种会计基础，它对于收入和费用是按照现金是否收到或付出确定其归属期。具体地说，凡是本期实际收到的款项，不论其是否应该属于本期的收入，均作为本期收入处理；凡本期实际支付的款项，不论其是否应该由本期负担，均作为本期费用处理。

（七）会计信息质量要求

1. 可靠性

可靠性要求企业应当以实际发生的交易或者事项为依据进行确认、计量和报告，如实反映符合确认和计量要求的会计要素及其他相关信息，保证会计信息真实可靠、内容完整。

2. 相关性

相关性要求企业提供的会计信息应当与财务报告使用者的经济决策需要相关，有助于财务报告使用者对企业过去、现在或未来的情况作出评价或者预测。

3. 可理解性

可理解性要求企业提供的会计信息应当清晰明了,便于财务报告使用者理解和使用。

4. 可比性

可比性要求企业提供的会计信息应当相互可比,这主要包括两层含义:一是同一企业不同时期的会计信息可比,二是不同企业相同会计期间的会计信息可比。

5. 实质重于形式

实质重于形式要求企业应当按照交易或者事项的经济实质进行会计确认、计量和报告,不应仅以交易或者事项的法律形式为依据。

6. 重要性

重要性要求企业提供的会计信息应当反映与企业财务状况、经营成果和现金流量有关的所有重要交易或者事项。

7. 谨慎性

谨慎性要求企业对交易或者事项进行会计确认、计量和报告应当保持应有的谨慎,不应高估资产或者收益、低估负债或者费用。

8. 及时性

及时性要求企业对于已经发生的交易或者事项,应当及时进行确认、计量和报告,不得提前或延后。

二、会计机构和岗位

(一) 会计机构设置

会计机构是各单位根据会计工作需要而设置的专门办理会计事务的职能部门。各单位应当根据会计业务的需要,依法采取下列一种方式组织本单位的会计工作:

(1) 设置会计机构。

(2) 设置会计岗位并指定会计主管人员。不能单独设置会计机构的单位,应当在有关机构中设置会计岗位并指定会计主管人员。

(3) 实行代理记账。不具备设置会计机构和会计人员条件的单位,可以委托经批准设立从事会计代理记账业务的中介机构代理记账。

(4) 国务院财政部门规定的其他方式。国有的和国有资本占控股地位或者主导地位的大、中型企业必须设置总会计师。

(二) 会计岗位设置

会计工作岗位,是指一个单位会计机构内部根据业务分工而设置的职能岗位。会计工作岗位的设置原则如下:

1. 根据本单位会计业务的需要设置会计工作岗位

会计工作岗位一般可分为会计机构负责人或者会计主管人员、出纳、财产物资核算、工资核算、成本费用核算、财务成果核算、资金核算、往来结算、总账报表、稽核、档案管理等。

2. 符合内部牵制制度的要求

会计工作岗位虽然可以一人一岗、一人多岗或者一岗多人,但出纳不得兼管稽核、会计档案保管、收入、费用、债权债务账目的登记工作。出纳以外的人员不得经管现金、有价证券、票据。

1

习　题

一、判断题

1. 会计是人们用来管理经济活动的一种技术方法。　　　　　　　　（　　）
2. 会计的作用是随着社会生产的发展而不断发展的,因此,经济越发展,会计越重要。
　　　　　　　　　　　　　　　　　　　　　　　　　　　　　　　（　　）
3. 会计的对象应当包括社会经济活动的所有方面。　　　　　　　　（　　）
4. 会计的基本职能是以货币为主要计量形式对经济活动进行核算和监督。（　　）
5. 会计核算职能是以货币为主要计量单位对经济活动进行反映的职能。（　　）
6. 会计监督不同于会计核算,它们是两个相互独立的职能,分别由不同的部门或人员独立完成。　　　　　　　　　　　　　　　　　　　　　　　　　　　（　　）
7. 会计主体是指企业本身,它必须具有法律主体资格。　　　　　　（　　）
8. 持续经营是固定资产折旧、分期摊销费用等核算方法应用的前提。（　　）
9. 会计分期中的中期,仅指半年度。　　　　　　　　　　　　　　　（　　）
10. 货币计量假设,包含了币值基本稳定不变假设。　　　　　　　　（　　）
11. 我国会计准则规定,企业会计核算必须以人民币为记账本位币。　（　　）
12. 权责发生制的核心是依据权责关系是否发生来确认收益或费用。　（　　）
13. 权责发生制在各方面均优于收付实现制,因此在会计确认上普遍采用权责发生制,淘汰收付实现制。　　　　　　　　　　　　　　　　　　　　　　　　　（　　）
14. 根据《会计法》的规定,各单位均需要设置会计机构,配备会计人员,进行会计核算工作。　　　　　　　　　　　　　　　　　　　　　　　　　　　　　（　　）
15.《会计法》规定,从事会计工作的人员,应当具备从事会计工作所需要的专业能力。
　　　　　　　　　　　　　　　　　　　　　　　　　　　　　　　（　　）
16. 企业应当以交易或者事项的法律形式为依据进行会计确认、计量和报告。（　　）

二、单项选择题

1. 会计是一种（　　）。
A. 经济监督的工具　　　　　　　　　B. 管理生产和耗费的工具
C. 生财、聚财、用财的方法　　　　　D. 经济管理活动
2. 下列岗位中,不属于会计工作岗位的是（　　）。
A. 会计机构负责人　　　　　　　　　B. 出纳
C. 收银　　　　　　　　　　　　　　D. 会计档案管理
3. 会计以（　　）作为主要计量单位。
A. 劳动量度　　　　　　　　　　　　B. 货币量度
C. 实物量度　　　　　　　　　　　　D. 实物量度与货币量度
4. 下列方法中属于会计核算方法的是（　　）。
A. 会计检查　　　　B. 会计分析　　　　C. 成本计算　　　　D. 会计预测

5. 会计主体为会计工作规定了(　　)范围。

　　A. 空间　　　　　　　B. 时间　　　　　　　C. 空间与时间　　　D. 内容

6. 持续经营为会计工作规定了(　　)范围。

　　A. 空间　　　　　　　B. 时间　　　　　　　C. 空间与时间　　　D. 内容

7. 货币计量假设中含有(　　)假设。

　　A. 可数量化　　　　　B. 可货币量化　　　　C. 币值稳定不变　　D. 币值变动

8. 根据规定,企业应当以(　　)为基础进行会计的确认、计量和报告。

　　A. 权责发生制　　　　　　　　　　　　　B. 收付实现制

　　C. 永续盘存制　　　　　　　　　　　　　D. 实地盘存制

三、多项选择题

1. 会计的基本职能有(　　　　)。

　　A. 会计核算　　　　　B. 会计预测　　　　　C. 会计分析　　　　　D. 会计监督

2. 会计计量单位包括(　　　　)。

　　A. 货币量度　　　　　B. 价值量度　　　　　C. 实物量度　　　　　D. 劳动量度

3. 下列有关会计特点的描述中,恰当的包括(　　　　)。

　　A. 以货币为主要计量单位　　　　　　　B. 以合法的原始凭证为核算依据

　　C. 以时间顺序组织核算　　　　　　　　D. 有一整套专门的核算方法

4. 以下组织中可以成为会计主体的有(　　　　)。

　　A. 企业集团　　　　　B. 分公司　　　　　　C. 企业管理部门　　D. 法人单位

5. 会计期间包括(　　　　)。

　　A. 年度　　　　　　　B. 半年度　　　　　　C. 季度　　　　　　　D. 月度

6. 谨慎性要求企业对交易或者事项进行会计确认、计量和报告时,不应(　　　　)。

　　A. 高估资产　　　　　B. 高估收益　　　　　C. 高估负债　　　　　D. 高估费用

四、业务题

安华公司于今年9月份发生以下经济业务:

(1) 销售 A 商品一批,售价 50 000 元,货款尚未收到。

(2) 以银行存款支付电视广告费 15 000 元。

(3) 购买办公用品一批,价款 1 500 元,款项以现金支付。

(4) 预收客户 20 000 元货款,客户所购的 A 商品尚未交付。

(5) 经计算,本月应交各种税费 16 000 元,税款尚未支付。

(6) 经计算,本月持有国库券可取得利息 24 000 元,但利息尚未收到。

(7) 销售 B 商品一批,价款 35 000 元,货款已收到并存入银行。

(8) 经计算本月机器设备磨损的价值为 8 000 元。

(9) 以银行存款缴纳上月的各种税费 18 000 元。

(10) 以银行存款支付第三季度银行借款利息 42 000 元,其中 9 月份的利息为 12 000 元。

要求:根据上述业务资料,分别计算在权责发生制和收付实现制下应确认的收入和费用。

1

五、思考题

1. 什么是会计？其主要特点有哪些？

2. 会计的基本职能是什么？它们之间存在怎样的联系？

3. 什么是会计对象？其具体内容是什么？

4. 企事业单位应如何设置会计机构？

5. 什么是会计前提？其包括哪些内容？应如何理解？

6. 什么是权责发生制？什么是收付实现制？两者间的区别是什么？

7. 会计信息质量要求有哪些？

项目二 建 账

学 习 指 导

任务一 设置会计科目和账户

一、会计要素

(一) 会计要素的确认

《企业会计准则》将会计要素分为六项，即资产、负债、所有者权益、收入、费用和利润。
会计要素的项目分类如图 2−1 所示。

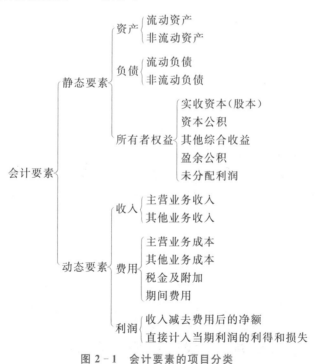

图 2−1 会计要素的项目分类

(二) 会计要素的计量

企业在对会计要素进行计量时，一般应当采用历史成本。在某些情况下，企业会计准则
允许采用重置成本、可变现净值、现值、公允价值计量。

二、会计科目

（一）会计科目的概念

会计科目是对资产、负债、所有者权益、收入、费用、利润按照经济业务内容和经营管理需要分类核算的项目。

（二）会计科目的分类

1. 按其反映的经济内容分类

会计科目按其反映的经济内容的不同可分为资产类科目、负债类科目、共同类科目、所有者权益类科目、成本类科目和损益类科目。

2. 按提供信息的详细程度及其统驭关系分类

会计科目按提供信息的详细程度及其统驭关系可分为总分类科目和明细分类科目。总分类科目对所属的明细分类科目起着统驭和控制作用，明细分类科目是对其总分类科目的详细和具体说明。

（三）会计科目的设置

1. 会计科目的设置原则

（1）科学性原则。

（2）统一性原则。

（3）灵活性原则。

2. 会计科目表

财政部统一制定的企业会计科目表参见主教材——《基础会计》(第六版)中的表 2-2。

三、账户

（一）账户的概念

账户是指按照会计科目设置并具有一定格式，用来分类、系统、连续地记录经济业务，反映会计要素增减变化情况和结果的记账实体。

会计科目和账户是会计学中两个既有联系又有区别的概念。账户根据会计科目开设，会计科目的名称就是账户的名称，同名称的会计科目与账户反映相同的经济内容。两者的区别是会计科目只是个名称，其本身并不能记录经济内容的增减变化情况，而账户既有名称，又有结构。

（二）账户的基本结构

反映会计对象要素的增加额、减少额和结余额这三部分形成账户的基本结构。

$$期末余额＝期初余额＋本期增加发生额－本期减少发生额$$

任务二　设置并启用会计账簿

一、会计等式

（一）会计要素平衡关系

$$资产＝负债＋所有者权益$$

$$利润＝收入－费用$$

$$资产＝负债＋所有者权益＋收入－费用$$

（二）经济业务变化的类型

（1）一项资产增加，另一项资产减少。

（2）一项资产增加，一项负债增加。

（3）一项资产增加，一项所有者权益增加。

（4）一项负债减少，一项资产减少。

（5）一项负债减少，另一项负债增加。

（6）一项负债减少，一项所有者权益增加。

（7）一项所有者权益减少，一项资产减少。

（8）一项所有者权益减少，一项负债增加。

（9）一项所有者权益减少，另一项所有者权益增加。

二、复式记账

（一）记账方法

1. 单式记账法

单式记账法是指对发生经济业务之后所产生的会计要素的增减变动只在一个账户中进行登记的方法。

2. 复式记账法

复式记账法是指对于每项经济业务都要以相等的金额在两个或两个以上相互联系的账户中进行登记的方法。借贷记账法是最具有代表性的复式记账方法。

（二）借贷记账法

1. 借贷记账法的概念

借贷记账法是以"借""贷"作为记账符号，记录资产和权益的增减变动及结果的一种复式记账方法。

2. 借贷记账法的记账符号

借贷记账法的记账符号是"借"和"贷"。

3. 借贷记账法的账户结构

借贷记账法的账户结构如图 2-2 所示。

借方	账户名称	贷方
资产增加		资产减少
成本增加		成本减少
损益支出增加		损益支出减少
负债减少		负债增加
所有者权益减少		所有者权益增加
损益收入减少		损益收入增加
资产或成本的期末余额		负债或所有者权益的期末余额

图 2-2　账户结构

2

4. 借贷记账法的记账规则

借贷记账法的记账规则是"有借必有贷,借贷必相等"。经济业务发生引起资金的变化如图 2-3 所示。

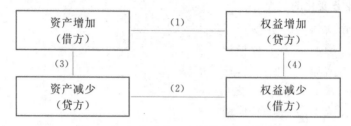

图 2-3 经济业务发生引起资金的变化

5. 借贷记账法的试算平衡

全部账户的借方期初余额合计数＝全部账户的贷方期初余额合计数

全部账户的本期借方发生额合计数＝全部账户的本期贷方发生额合计数

全部账户的借方期末余额合计数＝全部账户的贷方期末余额合计数

6. 借贷记账法的会计分录

会计分录是指根据复式记账原理,对发生的每笔经济业务所涉及的应借应贷账户及其金额列出的记录形式。

每一笔会计分录都存在着相互联系的两个或两个以上账户之间应借应贷的关系,在会计分录中,账户的应借应贷关系,称为账户的对应关系。存在着对应关系的账户,称为对应账户。

会计分录分为简单会计分录和复合会计分录两种。

三、会计账簿的设置

(一) 会计账簿的概念

会计账簿是指由一定格式账页组成的,以经过审核的会计凭证为依据,全面、系统、连续地记录各项经济业务事项的簿籍。

(二) 会计账簿的基本内容

封面主要标明账簿的名称,如"总分类账簿""库存现金日记账""银行存款日记账"等。

扉页主要标明会计账簿的使用信息,如"科目索引""账簿启用及交接登记表"等。

账页是账簿用来记录经济业务事项的载体,包括账户的名称、登记账簿的"日期"栏、记账凭证的"种类"和"号数"栏、"摘要"栏、"金额"栏、总页次和分户页次等内容。账簿与账户的关系是形式和内容的关系。

(三) 主要会计账簿

1. 总分类账

总分类账根据总分类科目设置账户。总分类账簿是订本账,账页格式为三栏式。

2. 明细分类账

明细分类账根据明细分类科目设置账户。明细分类账簿一般是活页账。资本、债权、债务明细账簿的账页格式一般为三栏式。收入、费用明细账簿的账页格式一般为多栏式。原材料、库存商品等明细账一般都采用数量金额式账簿。

3. 日记账

日记账是按经济业务发生时间的先后顺序逐日逐笔登记的账簿。库存现金日记账簿和银行存款日记账簿是订本账，其账页格式为三栏式。

四、会计账簿的启用

按照《会计基础工作规范》规定，启用新的会计账簿时，一般应当遵循以下程序和要求：

（1）填写封面。账簿封面应当写明记账单位的名称和账簿名称。

（2）填写扉页。填写账簿扉页上的"账簿启用及交接登记表"（也可分解为"账簿启用登记表"和"经管人员一览表"）。

（3）粘贴印花税票。印花税票一律粘在账簿扉页启用表上，并在印花税票中间画两根出头的横线，以示注销。

（4）填写目录。有些账簿，如总分类账需要填写目录表明每个账户的名称和页次。

（5）按顺序填写。

习　　题

任务一　设置会计科目和账户

一、判断题

1. 会计要素是按会计对象的经济内容进行分类所形成的基本项目。　　　　（　　）

2. 资产是企业拥有或者控制的全部资源。　　　　　　　　　　　　　　（　　）

3. 负债是企业所承担的全部义务，包括现时义务和潜在义务。　　　　　　（　　）

4. 所有者权益是企业所有者享有的剩余权益，在数量上等于企业全部资产减去全部负债的净额。　　　　　　　　　　　　　　　　　　　　　　　　　　　　（　　）

5. 收入是企业在经济活动中形成的全部经济利益的总流入。　　　　　　　（　　）

6. 费用是企业在经济活动中发生的全部经济利益的总流出。　　　　　　　（　　）

7. 利润是企业在一定会计期间的经营成果，是企业在一定会计期间内实现的收入减去费用后的净额。　　　　　　　　　　　　　　　　　　　　　　　　　　　（　　）

8. 历史成本的突出优点是真实可靠，具有可验证性，但相关性较差。因而，在会计计量中有必要运用其他会计计量属性，对历史成本进行修正。　　　　　　　　　　（　　）

9. 会计科目是对会计要素进一步分类所形成的项目，是会计要素的具体化。（　　）

10. 会计科目设置应当依据经济管理的需要，越详细，越有利于管理。　　（　　）

11. 会计科目的设置应体现统一性与稳定性要求，不得增加或合并相关的会计科目。
　　　　　　　　　　　　　　　　　　　　　　　　　　　　　　　　　（　　）

12. 企业应以客观存在的会计要素为基础，结合经济管理的需要，科学、合理地设置会计科目。　　　　　　　　　　　　　　　　　　　　　　　　　　　　　（　　）

13. "应付职工薪酬"科目与"盈余公积"科目的性质一样,都属于所有者权益类科目。

( )

14. 企业可以根据管理上的需要将"二级科目"上升为"一级科目"。 ( )

15. "制造费用"科目应当属于损益类科目。 ( )

16. 账户与会计科目的关系是,会计科目是账户的名称,账户是会计科目的内容。 ( )

17. 从数量上看,各项经济业务的发生,要么引起会计要素的增加,要么引起会计要素的减少。

( )

18. 账户的基本结构包括反映会计要素增加额、减少额和结余额三部分。 ( )

19. 总分类账户提供的是总括的会计信息,明细分类账户提供的是详细的会计信息,但它们的核算内容是一致的。

( )

20. 所有的总分类账户都应当设置明细分类账户,进行明细分类核算。 ( )

二、单项选择题

1. ( )是按会计对象的经济内容所做的基本分类,是会计对象的具体化。

A. 会计要素 B. 会计科目 C. 会计账户 D. 会计报表

2. 下列项目中不属于利润要素的是( )。

A. 未分配利润 B. 投资收益 C. 营业利润 D. 营业外支出

3. 具有可验证性优点的会计计量属性是( )。

A. 历史成本 B. 重置成本 C. 可变现净值 D. 现值

4. 会计科目是( )的名称。

A. 会计要素 B. 账户 C. 报表项目 D. 会计对象

5. 下列会计科目中,属于资产类科目的是( )。

A. 应收账款 B. 应交税费 C. 实收资本 D. 预收账款

6. 下列各级科目中,属于总分类科目的是( )。

A. 一级科目 B. 二级科目 C. 子目 D. 细目

7. 总分类账户可以使用( )量度反映会计要素的变化。

A. 货币 B. 劳动 C. 实物 D. 混合

8. 账户的设置依据是( )。

A. 会计要素 B. 会计科目 C. 会计对象 D. 管理需要

9. 总分类账户与明细分类账户的关系是( )。

A. 平等关系 B. 总分类账户统驭明细分类账户

C. 明细分类账户统驭总分类账户 D. 分工不同,相互独立

10. "应收账款"总分类账户的期初余额为 500 万元,本期增加额为 1 000 万元,本期减少额为 1 200 万元,期末余额应为( )万元。

A. 500 B. 1 000 C. 1 200 D. 300

三、多项选择题

1. 下列项目中属于流动资产的有( )。

A. 原材料 B. 银行存款 C. 机器设备 D. 库存商品

2. 下列项目中属于非流动负债的有(　　　)。

A. 应付股利　B. 应付债券　C. 应付职工薪酬　D. 长期借款

3. 所有者权益包括(　　　)。

A. 投资者投入资本　B. 从净利润中提取的公积金

C. 分配给投资者的股利　D. 未分配利润

4. 下列各项中,属于收入的有(　　　)。

A. 销售商品收入　B. 咨询服务收入

C. 租金收入　D. 接受捐赠收入

5. 下列项目中属于利润要素的有(　　　)。

A. 营业利润　B. 投资收益　C. 营业外收入　D. 营业外支出

6. 相关性较强的会计计量属性包括(　　　)。

A. 历史成本　B. 重置成本　C. 现值　D. 公允价值

7. 公允价值的基本特征包括(　　　)。

A. 实际交易价格　B. 公平交易价格

C. 交易双方自愿接受的价格　D. 具有商业实质的交易价格

8. 设置会计科目时,应考虑的主要因素包括(　　　)。

A. 会计要素的具体内容　B. 企业内部管理的需要

C. 国家宏观调控的需要　D. 社会经济的发展趋势

9. 设置会计科目时,应遵循的基本原则有(　　　)。

A. 科学性原则　B. 统一性与灵活性原则

C. 稳定性原则　D. 合规性原则

10. 总分类科目反映的会计信息包括(　　　)。

A. 总括信息　B. 价值量信息　C. 详细信息　D. 综合信息

11. 明细分类科目提供的会计信息,属于(　　　)。

A. 总括信息　B. 详细信息　C. 抽象信息　D. 具体信息

12. 下列科目中,属于成本类科目的包括(　　　)。

A. 生产成本　B. 制造费用　C. 劳务成本　D. 主营业务成本

13. 下列分类中,正确的有(　　　)。

A. "盈余公积"科目属于负债类　B. "预付账款"科目属于资产类

C. "制造费用"科目属于损益类　D. "资本公积"科目属于所有者权益类

14. 下列有关账户的描述中,正确的有(　　　)。

A. 会计科目是账户的名称　B. 账户具有一定的结构

C. 账户是根据会计科目开设的　D. 账户是用于记录会计要素增减变化的

15. 总分类账户与明细分类账户间的关系可以概括为(　　　)。

A. 总分类账户补充说明明细分类账户　B. 明细分类账户补充说明明细分类账户

C. 总分类账户统驭明细分类账户　D. 明细分类账户统驭明细分类账户

四、业务题

(一) 目的

练习会计科目的分类。

（二）资料

资料如表 2-1 所示。

表 2-1　　　　　　　　　　会计科目分类练习表

会计科目	资产类	负债类	所有者权益类	成本类	损益类
银行存款					
短期借款					
实收资本					
生产成本					
主营业务收入					
应付账款					
预收账款					
应交税费					
库存商品					
盈余公积					
制造费用					
财务费用					
主营业务成本					
本年利润					
固定资产					
管理费用					
应收账款					
应付职工薪酬					
税金及附加					
营业外收入					
其他业务收入					
其他业务成本					
预付账款					
所得税费用					
长期借款					
投资收益					

（三）要求

分别在上述会计科目所属的类别栏内做出标记"√"。

五、思考题

1. 什么是资产？资产具有哪些基本特征？其确认条件是什么？

2. 什么是负债？负债具有哪些基本特征？应如何确认负债？

2

3. 什么是收入？收入的基本特点是什么？应如何确认收入？

4. 什么是会计科目？设置会计科目应遵循的原则是什么？

5. 会计科目包括哪些类别？

6. 什么是账户？账户与会计科目的关系如何？

7. 账户的基本结构包括哪些内容？它们之间存在什么联系？

8. 简述总分类账户与明细分类账户的关系。

任务二　设置并启用会计账簿

一、判断题

1. 任何经济业务的发生都不会影响资产与权益的平衡关系。　　　　　　（　　）

2. 基本会计等式反映的是企业在某一时日的财务状况。时间不同,财务状况亦不同。因而,基本会计等式又称为动态会计等式。　　　　　　　　　　　　　　　（　　）

3. 单式记账法和复式记账法同属于记账方法,两者不存在本质区别,都是会计实务中广泛采用的记账方法。　　　　　　　　　　　　　　　　　　　　　　　　（　　）

4. 复式记账法的理论依据是"资产＝权益"。　　　　　　　　　　　　（　　）

5. "资产＝负债＋所有者权益"适用于任何企业的会计核算。　　　　　　（　　）

6. 根据复式记账法原理,任何一项经济业务的发生至少应在一个资产账户、一个负债账户和一个所有者权益账户中进行相互联系的记录。　　　　　　　　　　　　　（　　）

7. 在借贷记账法中,"借"和"贷"作为记账符号已经失去了原来的字面含义,即"借"表示增加,"贷"表示减少。　　　　　　　　　　　　　　　　　　　　　　　（　　）

8. 一般地说,账户的余额方向与该账户记录增加的一方相一致。　　　　（　　）

9. 复式记账法使相关账户间存在对应关系,该对应关系能清晰地反映出经济业务的来龙去脉。　　　　　　　　　　　　　　　　　　　　　　　　　　　　　（　　）

10. 账户的对应关系是编制会计分录并据以记账的基础。　　　　　　　（　　）

11. "有借必有贷,借贷必相等"使各账户的余额、发生额间存在平衡关系,利用这种平衡关系可以检查账户记录的正确性,该方法即为试算平衡。　　　　　　　　　（　　）

12. 在借贷记账法下,只要借、贷方金额相等,账户记录就不会存在错误。（　　）

13. 账户记录试算不平衡,说明记账一定存在差错。　　　　　　　　　（　　）

14. 会计分录必须同时具备账户名称、记账方向和金额三项基本内容。　（　　）

15. 为清晰地反映账户的对应关系,在任何情况下都不宜编制多借多贷的会计分录。

　　　　　　　　　　　　　　　　　　　　　　　　　　　　　　　　　（　　）

二、单项选择题

1. 投资者投入资本业务对会计要素的影响是(　　　)。

A. 资产和权益同时增加　　　　　　　B. 资产和权益同时减少

C. 一项资产增加,另一项资产减少　　D. 一项权益增加,另一项权益减少

2. 采购员预借差旅费所引起的会计要素变化是(　　　)。

A. 资产和负债同时增加　　　　　　　B. 资产和负债同时减少

C. 资产中一项资产增加,另一项资产减少　　D. 负债中一项负债增加,另一项负债减少

3. 上缴税费业务将使（　　）。

A. 企业的资产总额增加

B. "资产＝负债＋所有者权益"的平衡受到破坏

C. 企业的负债总额增加

D. 企业的资产和负债同时减少

4. "应付账款"账户和"预付账款"账户都反映企业同（　　）相互间结算的往来关系。

A. 本企业采购部门　　　　　　　　　B. 购货单位

C. 供货单位　　　　　　　　　　　　D. 开户银行

5. 复式记账法对每一项经济业务都以相等的金额，在（　　）账户中进行登记。

A. 一个　　　　　B. 两个　　　　　C. 两个或两个以上　　D. 三个以上

6. 借贷记账法起源于（　　）。

A. 美国　　　　　B. 英国　　　　　C. 中国　　　　　　D. 意大利

7. 期末没有余额的账户是（　　）。

A. 资产类账户　　　　　　　　　　　B. 负债类账户

C. 所有者权益类账户　　　　　　　　D. 损益类账户

8. 账户借方反映的是（　　）。

A. 资产的增加　　　　　　　　　　　B. 资产的减少

C. 所有者权益的增加　　　　　　　　D. 负债的增加

9. 账户贷方反映的是（　　）。

A. 资产的增加　　　　　　　　　　　B. 负债的减少

C. 所有者权益的增加　　　　　　　　D. 所有者权益的减少

10. 简单会计分录是指（　　）的会计分录。

A. 一借一贷　　　　B. 一借多贷　　　　C. 一贷多借　　　　D. 多借多贷

三、多项选择题

1. 下列属于资产项目的有（　　）。

A. 预付的货款　　　　　　　　　　　B. 在产品

C. 预收的货款　　　　　　　　　　　D. 支付的租入包装物押金

2. 下列属于负债项目的有（　　）。

A. 尚未支付的购货款　　　　　　　　B. 职工预借的差旅费

C. 投资者投入的资本　　　　　　　　D. 预收的销货款

3. 一项所有者权益增加的同时，引起的另一方面变化可能包括（　　）。

A. 一项资产增加　　　　　　　　　　B. 一项负债增加

C. 一项负债减少　　　　　　　　　　D. 另一项所有者权益减少

4. 账户借方反映（　　）。

A. 资产与成本费用的增加　　　　　　B. 资产与成本费用的减少

C. 权益与收入的增加　　　　　　　　D. 权益与收入的减少

5. 账户贷方反映（　　）。

A. 资产与成本费用的增加　　　　　　B. 资产与成本费用的减少

C. 权益与收入的增加　　　　　　　　D. 权益与收入的减少

6. 在借贷记账法下,账户间的平衡关系包括( ).

A. 所有账户的期初借方余额合计＝所有账户的期初贷方余额合计

B. 所有账户的本期借方发生额合计＝所有账户的本期贷方发生额合计

C. 所有账户的期末借方余额合计＝所有账户的期末贷方余额合计

D. 所有损益账户的借方发生额合计＝所有损益账户的贷方发生额合计

四、业务题

业 务 题 一

(一)目的

练习资产、负债和所有者权益的内容及其划分。

(二)资料

资料如表 2-2 所示。

表 2-2 资产、负债和所有者权益的内容划分练习表

项 目	资 产	负 债	所有者权益
(1) 企业的营业用房			
(2) 库存商品			
(3) 生产用具			
(4) 职工欠企业的款项			
(5) 应付职工的工资、福利和养老金			
(6) 企业的办公设备			
(7) 企业的银行存款			
(8) 企业的银行贷款			
(9) 企业股东投入的资本			
(10) 应付企业股东的股利			
(11) 企业欠缴的税费			
(12) 库存的原材料			
(13) 生产车间的机器设备			
(14) 生产车间未完工的产品			
(15) 应收购货方的货款			
(16) 应付供货方的货款			
(17) 出纳员保管的现金			
(18) 企业购买的专利技术			
(19) 企业持有的国库券			
(20) 尚未分配的净利润			

2

（三）要求

根据上述资料，分清资产、负债、所有者权益，以标记"√"填入相关空格内。

<h1 style="text-align:center">业务题二</h1>

（一）目的

练习资产、负债和所有者权益的划分。

（二）资料

资料如表 2 - 3 所示。

表 2 - 3　　　　　资产、负债和所有者权益划分、计算练习表

项　　目	会计科目	资　产	负　债	所有者权益
（1）厂房：150 000 元				
（2）生产用的机床设备：300 000 元				
（3）运输卡车：80 000 元				
（4）在产品：50 000 元				
（5）库存商品：120 000 元				
（6）原材料：100 000 元				
（7）应付购货款：25 000 元				
（8）应交各项税费：10 000 元				
（9）预收的包装物押金：1 200 元				
（10）采购员预借的差旅费：200 元				
（11）国家投入资本：600 000 元				
（12）本月实现的利润：70 000 元				
（13）管理用的办公设备：40 000 元				
（14）向银行借入的短期借款：50 000 元				
（15）库存的自用润滑油：300 元				
（16）外单位投入的资本：220 000 元				
（17）存放在银行的款项：133 000 元				
（18）外商投入的资本：40 000 元				
（19）出纳员保管的现金：500 元				
（20）库存的生产用煤：1 000 元				
（21）仓库用房：30 000 元				
（22）未缴纳的职工退休金：13 800 元				
（23）尚未收回的销货款：35 000 元				
（24）企业计提的社会保险费：10 000 元				
合　　计				

（三）要求

（1）分别写出上述各项目所适用的会计科目。

（2）区别资产、负债、所有者权益,并分别计算资产、负债、所有者权益金额合计数。

业　务　题　三

（一）目的

练习经济业务发生后所引起的资产、负债、所有者权益的增减变化情况。

（二）资料

大名公司今年1月份发生的部分经济业务如下:

（1）股东投入资本 250 000 元,存入银行。

（2）通过银行转账支付前欠南方公司的购货款 30 000 元。

（3）通过银行支付本月的职工工资 150 000 元。

（4）收回应收账款 45 000 元,存入银行。

（5）以银行存款归还短期借款 100 000 元。

（6）联营企业投入新机器一台,公允价值 75 000 元。

（7）购入材料 21 000 元,货款尚未支付。

（8）收回应收账款 76 000 元,其中 50 000 元直接归还银行短期借款,余款 26 000 元存入银行。

（9）采购员出差,预借差旅费 1 500 元,以现金支付。

（三）要求

（1）分析每笔经济业务所引起的资产和权益有关项目的增减变化。

（2）将分析结果填入表 2-4 内。

表 2-4　　　　　　　　　　　经济业务分析练习表

业务序号	涉及的资产、负债和所有者权益项目	资　产		负债和所有者权益	
		增加金额	减少金额	增加金额	减少金额
（1）					
（2）					
（3）					
（4）					
（5）					
（6）					
（7）					
（8）					
（9）					

（3）计算资产和权益的增减净额,验证两者是否相等。

2

业 务 题 四

（一）目的

练习借贷记账法下的会计分录编制。

（二）资料

蓝天公司今年2月份发生的部分经济业务如下：

（1）从银行提取现金2 000元备用。

（2）购入A材料30 000元，B材料26 000元。B材料的货款以银行存款付讫，A材料的货款尚未支付。材料均已收到，并验收入库。

（3）收到购货单位上月所欠货款25 000元，其中10 000元直接归还银行短期借款，余款15 000元存入银行。

（4）购入C材料35 000元，货款以银行存款支付。材料尚未收到。

（5）接受大名公司的货币资金投资200 000元，存入银行。

（6）购入办公用品400元，以现金支付。

（7）销售商品50 000元，其中30 000元货款已收到，并存入银行，余款尚未收回。

（8）以银行存款支付本月职工工资15 000元。

（三）要求

分析上述经济业务，并编制相应的会计分录。

业 务 题 五

（一）目的

综合练习会计分录的编制、试算平衡。

（二）资料

1. 国泰公司今年1月1日资产、负债、所有者权益的状况如表2-5所示。

表2-5　　　　　　　国泰公司资产、负债、所有者权益相关资料表　　　　　单位：元

项　　目	金　　额	项　　目	金　　额
固定资产	450 000	原材料	26 000
应交税费	2 000	应收账款	2 900
银行存款	18 000	实收资本	482 000
应付账款	4 000	库存现金	100
库存商品	6 000	短期借款	20 000
生产成本	4 800	其他应收款	200

2. 该公司1月份发生下列经济业务：

（1）从银行存款中提取现金300元。

（2）采购员张立预借差旅费300元，以现金支付。

（3）以银行存款缴纳上月欠缴税费2 000元。

（4）从勤丰公司购入材料8 000元，货款尚未支付。

（5）销售商品一批，价款 5 000 元，成本 3 500 元，货款收到并存入银行。

（6）大华公司投入新机器一台，公允价值 35 000 元。

（7）以银行存款归还勤丰公司货款 12 000 元（包括上月所欠 4 000 元和本月所欠 8 000 元）。

（8）生产车间领用材料 16 000 元，全部投入产品生产。

（9）收到新华公司还来上月所欠货款 2 900 元，存入银行。

（10）以银行存款归还银行短期借款 9 000 元。

（三）要求

（1）根据资料 1，开设账户，并登记期初余额。

（2）根据资料 2，编制相应的会计分录，并登记入账，结出各账户的本期发生额和期末余额。

（3）编制试算平衡表。

五、思考题

1. 会计要素存在怎样的平衡关系？

2. 经济业务变化的类型有哪些？是如何划分的？

3. 什么是复式记账法？与单式记账法相比，复式记账法有哪些优点？

4. 什么是借贷记账法？其特点有哪些？

5. 何谓试算平衡？其基本原理是什么？

6. 什么是会计分录？其基本要素是什么？编制会计分录时，应注意哪些？

7. 什么是账簿？账簿在会计核算中有哪些重要作用？

实　　训

一、实训目标

通过实训，能够正确设置和规范启用会计账簿。

二、实训资料

（一）模拟企业有关资料

（1）公司名称：临江市中兴有限责任公司（简称中兴公司）；

纳税人识别号：91341001012383452K；

地址、电话：临江市东芜路 82 号、0553 - 4846158；

开户行及账号：中国工商银行东芜路办事处 26 - 98098。

（2）性质：有限责任公司，增值税一般纳税人。

（3）生产组织与工艺流程：公司下设一个生产车间，单步骤大量生产 ST 产品和 TM 产品。

（4）原材料的收发按实际成本计价核算，发出材料的实际单位成本按移动加权平均法计算。

（5）产成品的收发按实际成本计价核算，发出产成品的实际单位成本按全月一次加权平均法计算。

2

（6）计算中要求精确到小数点后 2 位，尾差按业务需要进行调整。

（7）公司执行中华人民共和国财政部制定的《企业会计准则》。

（二）中兴公司今年 1 月份期初余额资料

1. 该公司总账账户期初余额资料（实训材料 2-1）

实训材料 2-1　　　　　　　　账 户 余 额 表　　　　　　　　单位：元

账户名称	借方余额	账户名称	贷方余额
库存现金	3 000.00	短期借款	50 000.00
银行存款	864 000.00	应付账款	2 000.00
交易性金融资产	90 000.00	累计折旧	45 000.00
应收账款	12 000.00	实收资本	2 936 000.00
原材料	22 000.00	盈余公积	173 600.00
库存商品	165 000.00	利润分配	40 900.00
周转材料	4 000.00		
固定资产	2 056 000.00		
生产成本	31 500.00		
合　　计	3 247 500.00	合　　计	3 247 500.00

2. 该公司部分明细账户期初余额

（1）"应收账款"账户：光大公司 12 000 元。

（2）"原材料——AKD 材料"账户：数量 100 千克，单价 140 元，成本 14 000 元；

　　　"原材料——BYS 材料"账户：数量 80 千克，单价 100 元，成本 8 000 元。

（3）"应付账款"账户：南海工厂 1 200 元，东风工厂 800 元。

（4）"生产成本——ST 产品"账户：直接材料 18 000 元，直接人工 12 000 元，制造费用 1 500 元。

（5）"库存商品——ST 产品"账户：数量 300 件，金额 135 000 元；

　　　"库存商品——TM 产品"账户：数量 100 件，金额 30 000 元。

三、实训要求

（1）根据实训资料设置总账账户并登记期初余额，主要账户包括：库存现金、银行存款、交易性金融资产、应收账款、其他应收款、在途物资、原材料、库存商品、周转材料、固定资产、累计折旧、待处理财产损溢、短期借款、应付账款、应付职工薪酬、应交税费、应付利息、实收资本、盈余公积、本年利润、利润分配、生产成本、制造费用、主营业务收入、其他业务收入、主营业务成本、其他业务成本、税金及附加、销售费用、管理费用、财务费用、营业外支出。

（2）根据实训资料设置库存现金日记账和银行存款日记账，并登记期初余额。

（3）根据实训资料设置"原材料明细账""库存商品明细账""应收账款明细账""应付账款明细账""制造费用明细账""生产成本明细账"，并登记期初余额。

（4）本次实训所需材料包括：总账 1 本、库存现金日记账 1 本、银行存款日记账 1 本、三栏式明细账页 3 张、多栏式明细账页 3 张、数量金额式明细账页 4 张。

项目三 填制与审核会计凭证(上)

学习指导

任务一 筹集资金的核算

一、资金筹集渠道

资金筹集是指企业根据其生产经营的需要,通过各种渠道从金融市场筹集企业所需资金的过程。资金筹集是企业资金运动的起点,也是企业生产经营活动的首要条件。从企业的资金筹集渠道来看,主要包括两部分:一是投资者投入的资本;二是企业借入的资金,即企业的各种负债,包括短期借款和长期借款。

二、筹集资金的核算

(一)实收资本(或股本)的核算

1.账户设置

(1)"实收资本"账户。为核算企业投资者投入资本的增减变动及其结果,企业应设置"实收资本"账户。该账户属于所有者权益类账户,其还应当按照投资者设置明细账,进行明细分类核算。另外,股份有限公司则设置"股本"账户,核算投资者投入的资本。

(2)"资本公积"账户。为核算企业收到投资者出资额超出其在注册资本中所占份额的部分(即资本溢价),以及其他资本公积,企业应设置"资本公积"账户。该账户属于所有者权益类账户。本账户还应当分别设置"资本溢价""其他资本公积"明细账,进行明细分类核算。

2.账务处理

按企业收到投资者的实际出资额,借记"银行存款""固定资产""无形资产"等账户;按投资者认缴的注册资本额,贷记"实收资本(或股本)"账户,实际出资额超过其认缴的注册资本部分,贷记"资本公积——资本溢价(或股本溢价)"账户。

(二)短期借款的核算

为核算企业向银行或其他金融机构借入的期限在1年以下(含1年)的各种借款,企业应设置"短期借款"账户。该账户属负债类账户。该账户还应当按照借款种类、贷款人和币种设置明细账,进行明细分类核算。

为核算企业按照合同约定应支付的利息,包括分期付息到期还本的长期借款等支付的利息,企业应当设置"应付利息"账户。该账户属于负债类账户。该账户还应当按照债权人设置明细账,进行明细分类核算。而利息支出较小的企业,则于结息日按实付利息一次性计入当月费用,不需要通过"应付利息"账户核算。

企业发生的短期借款利息支出应当直接计入当期财务费用,单独在"财务费用"账户中核算,即借记"财务费用"账户,贷记"应付利息"或"银行存款"账户。

(三) 长期借款的核算

为核算企业向银行或其他金融机构借入的期限在 1 年以上(不含 1 年)的各项借款,企业应设置"长期借款"账户。该账户属负债类账户。该账户应按贷款单位设置明细账,并按贷款种类进行明细核算。

利息支出发生在所购建的固定资产达到预定可使用状态之前,直接计入所购建的固定资产成本;若发生在所购建的固定资产达到预定可使用状态之后,则直接计入当期的财务费用。

任务二　供应过程的核算

一、材料及其采购成本

材料采购成本应当包括从采购到入库前所发生的全部支出,具体内容是:

(1)购买价款,但不包括按规定可以抵扣的增值税税额。

(2)相关税费。

(3)采购费用,主要包括:运杂费、运输途中的合理损耗、入库前的挑选整理费和其他费用等。

对于增值税一般纳税人来说,其当期应纳增值税税额按下列公式计算:

$$应纳税额＝当期销项税额－当期进项税额$$

二、账户设置

(一)"在途物资"账户

为核算企业采用实际成本进行材料日常核算而购入材料的采购成本,反映和监督企业采购材料的结算和入库情况,企业应当设置"在途物资"账户。该账户属于资产类账户。本账户还应当按供应单位和材料品种设置明细账,进行明细分类核算。

(二)"原材料"账户

为核算企业库存的各种材料的实际成本,反映和监督企业各种材料的收入、发出和结存情况,企业应当设置"原材料"账户。该账户属于资产类账户。本账户还应当按材料的保管地点(仓库)、材料的类别、品种和规格等设置明细账,进行明细分类核算。

(三)"应交税费——应交增值税"账户

为核算增值税销项税额、进项税额和应纳税额,企业应设置"应交税费——应交增值税"账户。该账户属于负债类账户。该账户还应当设置"销项税额""进项税额"等专栏,分别核算当期发生的销项税额、进项税额等。

(四)"应付账款"账户

为核算企业因购买材料、商品和接受劳务等而应付给供应单位的款项,反映和监督企业应付款项的增减变化和结存情况,企业应设置"应付账款"账户。该账户属于负债类账户。该账户应按供应单位设置明细账,进行明细分类核算。

(五)"应付票据"账户

为了核算企业购买材料、商品和接受劳务供应等而开出、承兑的商业汇票,包括银行承兑汇票和商业承兑汇票,反映企业应付票据的增减变化及结存情况,企业应设置"应付票据"账户。该账户属于负债类账户。该账户应按供应单位设置明细账,进行明细分类核算。

(六)"预付账款"账户

为了核算企业按照购货合同规定预付给供应单位的款项,反映企业预付账款的增减变化及结余情况,企业应设置"预付账款"账户。该账户属于资产类账户。该账户应按供应单位设置明细账,进行明细分类核算。

三、账务处理

(一)以银行存款结算货款的

企业应根据发票账单支付材料价款和运杂费,按应计入材料采购成本的金额,借记"在途物资"账户,按支付的增值税进项税额,借记"应交税费——应交增值税(进项税额)"账户,按实际支付的价款,贷记"银行存款"账户。

(二)赊购或以商业汇票结算货款的

企业按应计入材料采购成本的金额,借记"在途物资"账户,按增值税进项税额,借记"应交税费——应交增值税(进项税额)"账户,按应付账款金额或应付票据票面价值,贷记"应付账款"账户或"应付票据"账户。

(三)预付货款购入材料的

当企业发生预付货款业务时,应记入"预付账款"账户的借方,记入"银行存款"账户的贷方。

当企业收到已经预付货款的货物后,应按发票账单上注明的应付金额,贷记"预付账款"账户。

(四)材料采购成本的计算与结转

对于直接采购费用,企业应直接计入材料的采购成本;对于间接采购费用,企业应当选择合理的分摊方法,将其分摊计入各材料的采购成本。具体分摊方法如下:

首先,计算采购费用的分摊率。计算公式为:

$$采购费用分摊率=采购费用总额÷材料的总重量(或买价等)$$

其次,计算各材料应分担的采购费用。计算公式为:

$$某种材料应分担的采购费用=该材料的总重量(或买价等)×分摊率$$

企业购入材料运达企业,在验收入库后,企业应按实收材料的实际采购成本,借记"原材料"账户,贷记"在途物资"账户。

任务三　生产过程的核算

一、产品生产成本及其构成

（一）费用与成本的概念

概括地说,费用与成本之间的关系如图 3-1 所示。

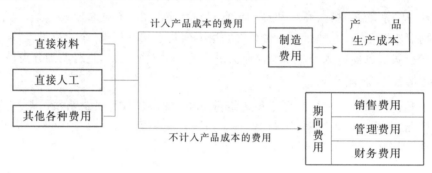

图 3-1　费用与成本之间的关系

（二）产品生产成本的构成

产品成本项目反映了产品生产成本的具体构成,一般设立以下三个成本项目:

（1）直接材料。它是指直接用于产品生产,并构成产品实体的原料、主要材料以及有助于产品形成的辅助材料等。

（2）直接人工。它是指直接参加产品生产的工人工资,以及企业为生产工人支付的医疗保险、失业保险、养老保险等社会保险费及职工福利等。

（3）制造费用。它是指直接用于产品生产,但不便于直接计入产品成本(如机器设备折旧费用),以及间接用于产品生产的各种费用(如机物料消耗、车间厂房折旧费用等)。

二、账户设置

（一）"生产成本"账户

为核算企业进行工业性生产发生的各项生产成本,企业应当设置"生产成本"账户。该账户属于成本类账户。企业还应当按成本计算对象(如产品品种、批别、生产步骤等)设置生产成本明细账或成本计算单,并按成本项目(如直接材料、直接人工、制造费用等)设置专栏,进行生产费用的明细分类核算。

（二）"制造费用"账户

企业应当设置"制造费用"账户核算企业生产车间(部门)为生产产品和提供劳务而发生的各项间接生产费用。该账户属于成本类账户。本账户还应按不同车间设置明细账户,并按费用项目设置专栏,进行明细核算。

（三）"应付职工薪酬"账户

为核算企业根据有关规定应付给职工的各种薪酬,包括职工工资、职工福利、社会保险费等,企业应设置"应付职工薪酬"账户。该账户属于负债类账户。本账户可按"工资""职工福利""社会保险费"等薪酬项目设置明细账户,进行明细核算。

（四）"累计折旧"账户

为核算固定资产因损耗而减少的价值,企业应设置"累计折旧"账户。该账户属于资产类账户。因该账户核算的是固定资产因磨损而减少的价值,是用以调整"固定资产"账户的账面余额的调整账户,所以其结构与一般资产类账户有所不同。"累计折旧"账户通常不设明细账,不进行明细分类核算。

（五）"库存商品"账户

企业应当设置"库存商品"账户核算已完工入库并可供销售的产品的实际成本。该账户属于资产类账户。本账户还应按商品的品种、规格、名称或类别设置明细账户,进行明细核算。

三、生产费用的核算

（一）材料费用的归集和分配

企业在生产经营过程中领用的各种材料,应当按照材料的具体用途,分别计入有关的成本类账户和有关的费用类账户。即按照领用材料的实际成本,借记"生产成本""制造费用""管理费用""销售费用"等账户,贷记"原材料"等账户。

（二）职工薪酬费用的归集和分配

生产人员的职工薪酬,应作为直接费用,计入产品的生产成本;车间管理人员的职工薪酬,应作为间接费用,先通过"制造费用"账户归集,然后分配计入产品的生产成本;管理部门人员、销售人员的职工薪酬,则直接计入当期的管理费用和销售费用。

（三）制造费用的归集和分配

制造费用应先通过"制造费用"账户进行归集,月末再转入"生产成本"账户。在生产多种产品的企业,归集的制造费用还需要选用一定的分配标准在各种产品之间进行分配。

下面以生产工时分配法为例,说明制造费用的分配。

首先,计算分配率,即每一工时应分配的制造费用。计算公式为:

$$分配率＝制造费用总额÷生产工时总数$$

其次,计算各种产品应负担的制造费用。计算公式为:

$$某产品应负担的制造费用＝该产品耗用的生产工时数×分配率$$

（四）产品生产成本的计算

1. 产品生产成本计算的一般程序

（1）确定成本计算对象。

（2）确定成本项目。

（3）确定成本计算期。

（4）生产费用的审核。

（5）生产费用的归集和分配。

（6）计算完工产品成本和月末在产品成本。

2. 产品生产成本计算的一般方法

$$月初在产品成本＋本月生产费用＝本月完工产品成本＋月末在产品成本$$

或　　　　本月完工产品成本＝月初在产品成本＋本月生产费用－月末在产品成本

任务四　销售过程的核算

一、营业收入的核算

(一) 账户设置

1．"主营业务收入"账户

为核算企业确认的销售商品、提供劳务等主营业务的收入,企业应当设置"主营业务收入"账户。该账户属于损益类账户,其可按主营业务的种类设置明细账,进行明细分类核算。

2．"其他业务收入"账户

为核算企业确认的除主营业务活动以外的其他经营活动实现的收入,企业应当设置"其他业务收入"账户。该账户属于损益类账户,其可按其他业务收入的种类设置明细账,进行明细分类核算。

3．"应收账款"账户

为核算企业因销售商品、产品和提供劳务等,应向购货单位或接受劳务单位收取的款项,企业应当设置"应收账款"账户。该账户属于资产类账户,其应按购货单位或接受劳务的单位设置明细账,进行明细核算。另外,如果该账户的期末余额在贷方,反映的则是企业预收的账款。

4．"应收票据"账户

为核算企业因销售商品、产品和提供劳务等收到的商业汇票,包括银行承兑汇票和商业承兑汇票,企业应当设置"应收票据"账户。该账户属于资产类账户。企业应当设置"应收票据备查簿",逐笔登记每一应收票据的相关信息资料。

5．"预收账款"账户

为核算企业按照合同规定向购货单位预收的款项,企业应当设置"预收账款"账户。该账户属于负债类账户。该账户应按购货单位设置明细账,进行明细核算。

(二) 账务处理

1．产品销售收入的账务处理

企业应按实际收到或应收的价款,借记"银行存款""应收账款""应收票据"等账户;按实现的营业收入,贷记"主营业务收入"账户,按增值税专用发票上注明的增值税税额,贷记"应交税费——应交增值税(销项税额)"账户。

企业若采用预收货款销售方式的,在收到购货单位预付的货款时,不能确认产品销售收入,而应按实收货款,借记"银行存款"账户,贷记"预收账款"账户。待企业交付商品时,才能确认营业收入。即按企业应收的价款,借记"预收账款"账户;按实现的营业收入,贷记"主营业务收入"账户,按增值税专用发票上注明的增值税税额,贷记"应交税费——应交增值税(销项税额)"账户。

2．其他业务收入的账务处理

企业取得其他业务收入时,按应确认的收入,贷记"其他业务收入"账户,按增值税专用发票上注明的增值税税额,贷记"应交税费——应交增值税(销项税额)"账户;按实际收到或应收的金额,借记"银行存款""应收账款"等账户。

二、营业成本的核算

（一）账户设置

1. "主营业务成本"账户

为核算企业确认销售商品、提供劳务等主营业务收入时应结转的成本，企业应当设置"主营业务成本"账户。该账户属于损益类账户。本账户可按主营业务的种类设置明细账，进行明细分类核算。

2. "其他业务成本"账户

为核算企业确认的除主营业务活动以外的其他经营活动所发生的支出，企业应当设置"其他业务成本"账户。该账户属于损益类账户。本账户可按其他业务成本的种类设置明细账，进行明细分类核算。

（二）账务处理

1. 主营业务成本的账务处理

当企业计算并结转已销产品的实际成本时，应按计算确定的已销产品的实际成本，借记"主营业务成本"账户，贷记"库存商品"等账户。

2. 其他业务成本的账务处理

企业在计算结转其他业务成本时，应按出售原材料的实际成本，借记"其他业务成本"账户，贷记"原材料"账户。当企业为取得其他业务收入而发生其他支出时，应按实际支出额，借记"其他业务成本"账户，贷记"累计折旧""银行存款"等账户。

三、税金及附加的核算

（一）账户设置

为核算企业经营活动发生的消费税、城市维护建设税、教育费附加等相关税费，包括除主营业务活动以外的其他经营活动发生的相关税费，企业应当设置"税金及附加"账户。该账户属于损益类账户。

（二）账务处理

企业按规定计算出应由主营业务和其他业务负担的相关税费时，应按计算确定的税费金额，借记"税金及附加"账户，贷记"应交税费"账户。实际缴纳税款时，借记"应交税费"账户，贷记"银行存款"账户。

四、销售费用的核算

（一）账户设置

销售费用是指企业销售商品和材料、提供劳务的过程中发生的各种费用，包括保险费、包装费、展览费和广告费、商品维修费、预计产品质量保证损失、运输费、装卸费等以及为销售本企业商品而专设的销售机构(含销售网点、售后服务网点等)的职工薪酬、业务费、折旧费等经营费用。企业发生的与专设机构相关的固定资产修理费用等后续支出属于销售费用。销售费用是与企业销售商品活动有关的费用，但不包括销售商品本身的成本。

为核算企业销售商品和材料、提供劳务的过程中发生的各种经营费用，企业应当设置"销售费用"账户。该账户属于损益类账户，其可按销售费用项目设置明细账，进行明细分类核算。

(二)账务处理

企业发生销售费用时,应按实际发生额,借记"销售费用"账户,贷记"库存现金""银行存款""应付职工薪酬"等账户。

任务五　利润形成与分配的核算

一、利润的构成

利润的形成过程如图 3-2 所示。

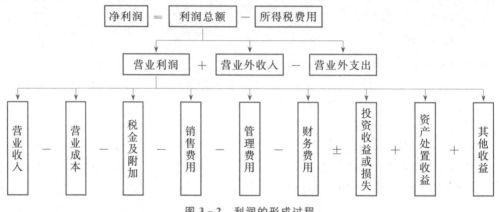

图 3-2　利润的形成过程

二、管理费用和财务费用的核算

(一)账户设置

1. "管理费用"账户

管理费用是指企业为组织和管理企业生产经营发生的各种费用,包括企业董事会和行政管理部门在企业的经营管理中发生的,或者应由企业统一负担的公司经费(包括行政管理部门职工薪酬、物料消耗、低值易耗品摊销、办公费和差旅费等)、工会经费、董事会会费(包括董事会成员津贴、会议费和差旅费等)、聘请中介机构费、咨询费(含顾问费)、诉讼费、业务招待费、技术转让费、矿产资源补偿费、研究费用等。企业生产车间(部门)和行政管理部门等发生的固定资产修理费用等后续支出属于管理费用。

为核算企业为组织和管理企业生产经营所发生的管理费,企业应当设置"管理费用"账户。该账户属于损益类账户,其可按管理费用项目设置明细账,进行明细分类核算。

2. "财务费用"账户

财务费用是指企业为筹集生产经营所需资金等而发生的筹资费用,包括利息支出(减利息收入)、汇兑损益以及相关的手续费等。企业为购建固定资产的专门借款所发生的借款费用,在固定资产达到预定可使用状态前按规定应予资本化的部分,不包括在财务费用之中。

为核算企业为筹集生产经营所需资金等而发生的筹资费用,企业应当设置"财务费用"账户。该账户属于损益类账户,其可按财务费用项目设置明细账,进行明细分类核算。

（二）账务处理

1. 管理费用的账务处理

当企业发生管理费用时，应按实际发生额，借记"管理费用"账户，贷记"库存现金""银行存款""应付职工薪酬""累计折旧"等账户。

2. 财务费用的账务处理

企业发生财务费用时，应借记"财务费用"账户，贷记"应付利息""银行存款"等账户。发生的应冲减财务费用的利息收入、汇兑收益时，应借记"银行存款"账户，贷记"财务费用"账户。

三、营业外收支的核算

（一）账户设置

营业外收支是指企业发生的与日常经营活动无直接关系的各项收支，包括营业外收入、营业外支出。其中，营业外收入是指企业发生的与日常经营活动无直接关系的各项利得，主要包括不计入其他收益的政府补助、盘盈利得、捐赠利得等；营业外支出是指企业发生的与日常经营活动无直接关系的各项损失，主要包括公益性捐赠支出、非常损失、盘亏损失等。

为核算企业发生的各项营业外收支，企业应当设置"营业外收入""营业外支出"账户。这些账户属于损益类账户。它们可按营业外收入或营业外支出项目设置明细账户，进行明细分类核算。

（二）账务处理

当企业取得营业外收入时，应按实际发生额，借记"银行存款""固定资产""应付账款"等账户，贷记"营业外收入"等账户；当企业发生营业外支出时，应按实际发生额，借记"营业外支出"账户，贷记"银行存款""固定资产"等账户。

四、利润形成的核算

（一）利润总额形成的核算

1. 账户设置

为核算企业实现的净利润（或发生的净亏损），企业应设置"本年利润"账户。本账户属于所有者权益类账户。

值得说明的是，企业于期（月）末结转利润后，"本年利润"账户若为贷方余额，为当期实现的净利润；若为借方余额，则为当期发生的净亏损。年度终了，企业应当将本年实现的净利润（或发生的净亏损）转入"利润分配"账户，结转后"本年利润"账户应无余额。

2. 账务处理

首先，企业应将当期发生的各项收入和费用全部登记入账后，并于期末结出各损益类账户的贷方余额或借方余额，并将所有的收入类账户的贷方余额转入"本年利润"账户的贷方，将所有的费用类账户的借方余额转入"本年利润"账户的借方。结转后各损益类账户应无余额，此时"本年利润"账户若为贷方余额，即为企业当期实现的利润总额；若为借方余额，则反映为企业当期实现的亏损总额。

3

(二)净利润形成的核算

1.账户设置

按照税法规定,企业的生产经营所得和其他所得应缴纳企业所得税,因此,企业赚取利润后应按税法规定计算缴纳企业所得税。企业缴纳的所得税即所得税费用。为核算该项费用,企业应设置"所得税"账户。该账户属于损益类账户,用于核算企业按规定从本期损益中减去的所得税费用。

2.账务处理

企业应于期末(月末、季末或年末)计算出应从本期损益中减去的所得税费用,借记"所得税费用"账户,贷记"应交税费——应交所得税"账户。实际缴纳所得税时,按实际缴纳金额,借记"应交税费——应交所得税"账户,贷记"银行存款"账户。年度终了,企业将"所得税费用"账户的借方余额转入"本年利润"账户借方时,借记"本年利润"账户,贷记"所得税费用"账户。

五、利润分配的核算

(一)利润分配的顺序

企业取得净利润后一般按下列顺序进行分配:

(1)按净利润的10%提取法定盈余公积金。

(2)向投资者分配利润。

其中,股份制企业向投资者分配利润时,按下列顺序进行:

(1)支付优先股股利。

(2)提取任意盈余公积金。

(3)支付现金股利。

(二)账户设置

1."利润分配"账户

为核算企业利润的分配(或亏损的弥补)和历年分配(或弥补)后的余额,企业应设置"利润分配"账户。该账户属于所有者权益类账户。本账户还应按"提取法定盈余公积""应付现金股利或利润""未分配利润"等设置明细账,进行明细分类核算。

2."盈余公积"账户

为核算企业从净利润中提取的盈余公积,企业应当设置"盈余公积"账户。该账户属于所有者权益类账户。

3."应付股利"账户

为核算企业分配的现金股利或利润,企业应当设置"应付股利"账户。该账户属于负债类账户。本账户可按投资者设置明细账,进行明细分类核算。

(三)账务处理

1.利润分配的账务处理

企业按规定提取法定盈余公积时,应按提取金额,借记"利润分配——提取法定盈余公积"账户,贷记"盈余公积——法定盈余公积"账户;企业根据利润分配方案向投资者分配现金股利或利润时,应按实际分配的现金股利或利润金额,借记"利润分配——应付现金股利

（或利润）"账户，贷记"应付股利"账户。

　　2. 结转未分配利润的账务处理

　　年度终了，企业应将当年实现的净利润或亏损，转入"利润分配——未分配利润"账户。结转净利润时，按实际的净利润额，借记"本年利润"账户，贷记"利润分配——未分配利润"账户；结转亏损时，则按实际亏损额，借记"利润分配——未分配利润"账户，贷记"本年利润"账户。年末，企业还需将"利润分配"账户的其他明细账户的余额转入"利润分配——未分配利润"账户。账务处理主要为：借记"利润分配——未分配利润"账户，贷记"利润分配——提取法定盈余公积、应付现金股利或利润"等账户。

习　　题

任务一　筹集资金的核算

一、判断题

　　1. 资金筹集是企业资金运动的起点，而资金退出则是企业资金运动的终点。　　（　　）

　　2. 设立企业必须拥有一定数量的资本金，但企业设立后投资者投入的资本金可以随时抽回。　　（　　）

　　3. 股份有限公司应以股票发行价格和核定的股份总数的乘积计算的金额，作为股本的入账价值。　　（　　）

　　4. 一般来说，股份有限公司设置"股本"账户，非股份有限公司设置"实收资本"账户，核算企业实际收到的投资者投入的资本金。　　（　　）

　　5. 企业收到投资者投入的资本，超过其占注册资本份额的部分，也应确认为企业的实收资本或股本。　　（　　）

　　6. 短期借款的利息支出和长期借款的利息支出的性质是一样的，都是在筹集资金过程中发生的费用，因此，该项支出均应计入企业的财务费用。　　（　　）

　　7. "长期借款"账户的期末贷方余额，是企业尚未偿还的长期借款的本金和利息总额。　　（　　）

　　8. 企业的资金筹集渠道通常包括所有者权益筹资和负债筹资。　　（　　）

　　9. 负债筹资主要包括短期借款、长期借款以及结算形成的负债。　　（　　）

　　10. 短期借款的利息不可以预提，均应在实际支付时直接计入当期损益。　　（　　）

二、单项选择题

　　1. "实收资本"或"股本"账户，属于企业的（　　）账户。

　　A. 资产类　　　　　　　　　　　　B. 负债类

　　C. 所有者权益类　　　　　　　　　D. 损益类

　　2. 投资者实际出资额超过其认缴的资本数额部分，应记入（　　）账户。

　　A. "实收资本"　　　　　　　　　　B. "资本公积"

　　C. "盈余公积"　　　　　　　　　　D. "营业外收入"

3. 长期借款利息支出发生在所购建的固定资产达到预定可使用状态之前,应借记(　　　)账户。

A. "财务费用"　　　　　　　　　　B. "在建工程"

C. "制造费用"　　　　　　　　　　D. "固定资产"

三、多项选择题

1. 按投资主体不同,企业的资本金可以分为(　　　　　)。

A. 国家资本金　　　B. 法人资本金　　　C. 个人资本金　　　D. 外商资本金

2. 企业可以接受投资者以(　　　　)等形式进行的投资。

A. 货币资金　　　B. 有价证券　　　C. 实物资产　　　D. 无形资产

3. 下列各项经济业务中,属于资金筹集业务的有(　　　　)。

A. 赊购原材料　　　B. 发行公司债券　　　C. 向金融机构借款　　　D. 收回应收账款

四、业务题

(一)目的

练习资金筹集过程的核算。

(二)资料

蓝天公司今年7月份发生如下经济业务。

(1) 5 日,收到国家投入的货币资金 500 000 元,存入银行。

(2) 5 日,信元公司以机器设备一台作为对蓝天公司的投资,双方协商作价 200 000 元。该设备原账面价值 250 000 元,已提折旧 80 000 元。

(3) 8 日,华中公司以专利一项对蓝天公司投资,该专利的公允价值为 150 000 元。

(4) 10 日,向银行取得为期 3 个月的借款 120 000 元,款项已转存银行。

(5) 15 日,向银行取得为期 2 年的借款 250 000 元,款项已转存银行。

(6) 20 日,以银行存款 7 500 元支付短期借款利息。

(7) 25 日,以银行存款归还到期的短期借款 500 000 元,长期借款本息 450 000 元。

(8) 30 日,根据公司董事会批准的上年度的利润分配方案,以银行存款向投资者支付现金股利 4 500 000 元。

(三)要求

根据上述资料编制会计分录。

五、思考题

1. 什么是资本金?企业资本金有哪些种类?

2. 企业筹集资金的渠道有哪些?它们在会计核算上有何不同?

任务二　供应过程的核算

一、判断题

1. 企业外购材料的采购成本,包括买价、运杂费、增值税等相关税费。　　　　　　(　　)

2. 增值税一般纳税人当期应纳的增值税税额,应等于当期的销项税额减当期的进项税额。

（　　　）

3. "在途物资"账户属于资产类账户,同时也具有采购成本的计算作用,其期末借方余额反映的是期末在途物资的成本。

（　　　）

4. "应付账款"账户的期末余额,若在借方,反映的是企业的预付账款金额;若在贷方,则为企业的应付账款余额。

（　　　）

5. 材料采购费用属于材料采购成本中的间接成本,因此均需要通过分摊计入材料的采购成本。

（　　　）

6. 材料采购费用的分摊依据可以是材料的买价、重量或体积等。

（　　　）

二、单项选择题

1. 下列支出费用不属于材料采购成本构成的是（　　　）。

A. 支付买价　　　　　　　　　　　　B. 支付的增值税税额

C. 支付运费　　　　　　　　　　　　D. 支付的途中保险费

2. 一般情况下,"预付账款"账户属于（　　　）账户。

A. 资产类　　　　B. 负债类　　　　C. 成本类　　　　D. 所有者权益类

3. 下列关于间接采购费用的处理方法中,正确的是（　　　）。

A. 直接计入材料的采购成本　　　　　B. 直接计入主要材料的采购成本

C. 直接计入制造费用　　　　　　　　D. 分摊计入各材料的采购成本

三、多项选择题

1. 外购材料的采购成本,包括（　　　）。

A. 买价　　　　　　　　　　　　　　B. 采购费用

C. 非常损失　　　　　　　　　　　　D. 入库后的保管费

2. 采购费用是企业在购入材料过程中发生的与材料采购有关的各项支出,包括（　　　）。

A. 运杂费　　　　　　　　　　　　　B. 相关税费

C. 运输途中的合理损耗　　　　　　　D. 入库前的挑选整理费

3. "应付票据"账户,是核算企业购买材料、商品和接受劳务供应等而开出、承兑的（　　　）。

A. 银行汇票　　　B. 银行承兑汇票　　　C. 商业承兑汇票　　　D. 支票

4. 材料采购费用的分配标准,可以为（　　　）。

A. 外购材料的重量　　　　　　　　　B. 外购材料的买价

C. 外购材料的生产工时　　　　　　　D. 外购材料的人工费用

四、业务题

（一）目的

练习供应过程的核算。

（二）资料

永昌公司今年7月份发生有关材料采购业务如下:

（1）1日，购入A、B两种材料，价款11 000元，增值税专用发票上注明的税款为1 430元。货款已付，材料未到。明细资料如表3-1所示。

表3-1 A、B材料购入明细表

品　种	体积/立方米	重量/千克	买价/元
A材料	100	1 000	3 000
B材料	200	4 000	8 000

（2）10日，以银行存款支付A、B材料的运杂费2 700元，按材料的体积比例分配该项采购费用。

（3）15日，从外地购入甲、乙两种材料，价款127 000元，增值税专用发票上注明的税款为16 510元。货款已付，材料未到。明细资料如表3-2所示。

表3-2 甲、乙材料购入明细表

品　种	数量/千克	单价/(元/千克)	买价/元
甲材料	4 000	29.50	118 000
乙材料	1 000	9.00	9 000

（4）20日，以银行存款支付甲、乙两种材料的采购费用3 000元，其中，运输费2 500元，装卸、搬运费500元。上述费用均按材料的重量比例计入材料采购成本。

（5）25日，上述材料验收入库，按实际采购成本入账。

（三）要求

（1）编制材料采购成本计算表（表3-3、表3-4）。

表3-3 A、B材料采购成本计算表
年　　月　　日
单位：元

品　种	分配标准	分配率	采购费用分配额	买　价	总成本	单位成本
A材料						
B材料						
合　计						

表3-4 甲、乙材料采购成本计算表
年　　月　　日
单位：元

品　种	分配标准	分配率	采购费用分配额	买　价	总成本	单位成本
甲材料						
乙材料						
合　计						

（2）编制上述经济业务的会计分录。

五、思考题

1. 企业外购材料的采购成本包括哪些内容？外购材料时所支付的增值税应如何处理？
2. 材料采购费用是怎样分摊的？如何进行会计处理？

任务三　生产过程的核算

一、判断题

1. 企业生产部门领用的材料,应按该材料的实际成本计入相应的生产成本账户。（　　）
2. 企业经营管理部门领用的材料,应按该材料的实际成本计入相应的期间费用账户。

（　　）

3. 生产成本和生产费用一样都是一定时期内企业生产经营过程中所发生的各种耗费。

（　　）

4. 成本计算就是将企业发生的生产费用,按照一定的对象进行归集、分配,进而计算该对象的总成本和单位成本的过程。（　　）
5. 直接材料费用,包括企业在生产经营过程中发生的各项原材料的耗费。（　　）
6. 企业在生产经营过程中支付的人员工资、福利费等,均属于成本项目中的直接人工。

（　　）

7. 车间厂房、机器设备的折旧费,均为企业发生的制造费用。（　　）
8. "生产成本"账户的期末借方余额,为期末在产品的实际成本。（　　）
9. 期末应将"制造费用"账户所归集的制造费用分配计入有关的成本计算对象。因此,该账户期末一般无余额。（　　）
10. 企业发生的工资和福利费,应根据人员的性质分别计入各有关的成本费用账户。（　　）
11. 制造费用是产品成本的一个组成部分,属于间接费用。（　　）
12. 车间管理人员的工资应计入企业的管理费用。（　　）
13. 企业在产品占用资金的利息支出,符合条件的,应计入该产品的生产成本。（　　）
14. 企业应根据生产经营特点和管理要求,确定成本计算对象、成本项目和成本计算方法,并经常对它们进行调整。（　　）
15. 制造费用的分配方法有多种,主要有生产工人工资、生产工人工时、机器工时等。（　　）
16. 期末"生产成本"账户归集的生产费用,即为本期完工产品的生产成本。（　　）
17. 生产费用在完工产品和在产品之间的分配方法有多种,企业一经选定不得随意变更。

（　　）

18. "生产成本"明细账户,应按照企业的成本计算对象设置。（　　）

二、单项选择题

1. 生产车间发生的间接费用,应记入"（　　）"账户。
   A. 管理费用　　　　　B. 制造费用　　　　　C. 生产成本　　　　　D. 销售费用
2. 生产车间发生的直接费用,应记入"（　　）"账户。
   A. 生产成本　　　　　B. 制造费用　　　　　C. 管理费用　　　　　D. 财务费用
3. "累计折旧"账户,属于（　　）账户。
   A. 资产类　　　　　　B. 负债类　　　　　　C. 成本类　　　　　　D. 损益类

4. 应计入产品成本,但不能分清应由何种产品负担的费用,应(　　　　)。

A. 作为管理费用处理

B. 直接计入当期损益

C. 作为制造费用处理,期末再通过分配计入产品成本

D. 直接计入产品成本

5. 下列不应计入"生产成本"的费用是(　　　　)。

A. 生产工人工资　　　　　　　　　　B. 制造费用

C. 税金及附加　　　　　　　　　　　D. 直接材料

三、多项选择题

1. 下列费用中,属于生产车间间接费用的有(　　　　　　)。

A. 为制造产品领用的材料　　　　　　B. 车间修理设备领用的材料

C. 车间管理人员的工资　　　　　　　D. 生产产品工人的工资

2. 生产成本明细账中的成本项目一般设置为(　　　　　　)。

A. 直接材料　　　　　　　　　　　　B. 直接人工

C. 制造费用　　　　　　　　　　　　D. 管理费用

3. 材料发出的核算,可能涉及"(　　　　　　)"账户。

A. 原材料　　　　　　　　　　　　　B. 材料采购

C. 生产成本　　　　　　　　　　　　D. 制造费用

4. 工资分配核算,可能涉及"(　　　　　　)"账户。

A. 生产成本　　　　　　　　　　　　B. 管理费用

C. 应付职工薪酬　　　　　　　　　　D. 制造费用

5. 制造费用的分配方法,主要有(　　　　　　)。

A. 按生产工人工资分配　　　　　　　B. 按生产工人工时分配

C. 按机器工时分配　　　　　　　　　D. 按耗用原材料的数量或成本分配

6. 下列费用中,属于生产过程中发生的费用的有(　　　　　　)。

A. 车间机器设备的折旧费　　　　　　B. 材料采购费用

C. 生产工人工资　　　　　　　　　　D. 车间照明用电费

四、业务题

业 务 题 一

(一)目的

练习材料费用的核算。

(二)资料

华泰公司今年7月份发生有关材料的收入、发出业务资料如下:

(1) 购入甲材料1 000千克,单价15元/千克,计买价15 000元、增值税税额1 950元,运杂费500元、增值税税额45元。货款以银行存款支付,材料尚未收到。

(2) 购入乙材料2 000千克,单价10元/千克,计买价20 000元、增值税税额2 600元,

运杂费 1 200 元、增值税税额 108 元。公司开出并承兑商业汇票一张,材料尚未验收入库。

(3) 收到以上购入的甲、乙两种材料,并如数验收入库,结转该批材料的采购成本。

(4) 以银行存款预付丙种材料的货款 50 000 元。

(5) 收到购入的丙种材料 5 000 千克,单价 8 元/千克,计价款 40 000 元、增值税税额 5 200 元。价税款已预付,材料验收入库。

(6) 生产车间领用原材料一批,账面成本 4 500 元,其中,直接用于产品生产的为 4 000 元,生产车间一般耗用 500 元。

(7) 经营管理部门领用材料一批,账面成本 2 400 元,其中,行政管理部门耗用 1 000 元,产品销售部门领用 1 400 元。

(8) 本月销售产品总成本 25 000 元,结转销售成本。

(三) 要求

根据上述资料编制会计分录。

业 务 题 二

(一) 目的

练习工资费用的分配。

(二) 资料

蓝天公司生产 A、B 两种产品,今年 7 月份共发生应付生产工人工资 20 000 元。有关 A、B 两种产品的统计资料如下:

(1) 本月 A、B 两种产品的产量分别为 8 000 千克和 12 000 千克。

(2) 本月 A、B 两种产品的实际生产工时分别为 12 000 小时和 20 000 小时。

(3) 本月 A、B 两种产品的工时定额分别为 2 小时/千克和 1.5 小时/千克。

(三) 要求

(1) 按产品产量的比例分配生产工人工资并编制会计分录。

(2) 按产品实际生产工时的比例分配生产工人工资并编制会计分录。

(3) 按产品定额生产工时的比例分配生产工人工资并编制会计分录。

业 务 题 三

(一) 目的

练习制造费用的归集与分配。

(二) 资料

华安公司今年 7 月份发生的制造费用如下:

(1) 以银行存款支付生产部门电费 1 942 元、增值税税额 252.46 元。

(2) 计提本月生产部门固定资产折旧费 8 000 元。

(3) 本月应付生产部门管理人员工资 2 840 元。

(4) 生产部门为修理设备领用材料 2 800 元。

(5) 以现金支付生产车间的办公用品费用 300 元、增值税税额 39 元。

(6) 按产品生产工时比例分配制造费用。A、B、C 三种产品本月生产工时分别为 10 000 小时、30 000 小时和 40 000 小时。

（三）要求

（1）根据上述经济业务编制会计分录。

（2）编制制造费用分配表(表3-5)。

表3-5

制造费用分配表

年 月

受益对象	工时总额/小时	分配率	金 额/元
A产品			
B产品			
C产品			
合 计			

业务题四

（一）目的

综合练习生产成本的计算。

（二）资料

诚信公司今年7月份生产A产品2 000件,B产品500件。本月发生的生产费用如下：

（1）仓库共发出材料67 200元,用途如下：

用于生产A产品：51 000元；

用于生产B产品：10 000元；

车间一般性耗费：4 900元；

公司行政管理部门耗用：1 300元。

（2）分配结转本月工资费用15 200元,用途如下：

A产品生产工人工资：10 000元；

B产品生产工人工资：2 000元；

车间管理人员工资：800元；

公司行政管理人员工资：2 400元。

（3）本月产品生产应付电费7 100元、增值税税额923元,按A、B产品的定额耗电量分摊。A、B产品的定额耗电量分别为60 000度和11 000度。

（4）计提本月固定资产折旧10 000元,其中生产车间8 000元,公司行政管理部门2 000元。

（5）以银行存款支付财产保险费,其中,生产车间700元,公司行政管理部门100元。

（6）按产品的生产工人工资比例分配本月制造费用。

（7）投产的A、B产品本月全部完工并验收入库。

（三）要求

（1）根据上述经济业务编制会计分录。

（2）编制电费分配表(表3-6)、制造费用分配表(表3-7)和产品成本计算单(表3-8、表3-9)。

表 3－6　　　　　　　　　　电 费 分 配 表
年　　月

受益对象	定额耗电量/度	分配率	金额/元
A产品			
B产品			
合　计			

表 3－7　　　　　　　　　　制造费用分配表
年　　月

受益对象	生产工人工资总额/元	分配率	金额/元
A产品			
B产品			
合　计			

表 3－8　　　　　　　　　　产品成本计算单
产品名称：A产品　　　　　　　　年　　月　　　　　　　单位：元

成本项目	本月生产费用	总成本	单位成本
直接材料			
工薪费用			
制造费用			
合　计			

表 3－9　　　　　　　　　　产品成本计算单
产品名称：B产品　　　　　　　　年　　月　　　　　　　单位：元

成本项目	本月生产费用	总成本	单位成本
直接材料			
工薪费用			
制造费用			
合　计			

五、思考题

1. 费用与成本概念有何不同？两者存在何种关系？
2. 产品生产成本的构成如何？其核算应遵循怎样的程序？

任务四　销售过程的核算

一、判断题

1. 销售费用,是企业在生产经营过程中发生的与销售活动有关的费用。　　　　（　　　）

2. 收入是企业在日常活动中形成的经济利益总流入,包括商品销售收入、提供劳务收入、营业外收入等。　　　　　　　　　　　　　　　　　　　　　　　　(　　)

3. 商品销售收入应属于主营业务收入。　　　　　　　　　　　　　　　(　　)

4. 收入的确认应以款项是否收到为标准。　　　　　　　　　　　　　　(　　)

5. "应收票据"账户用于核算企业收到的商业汇票,包括商业承兑汇票和银行承兑汇票。　　　　　　　　　　　　　　　　　　　　　　　　　　　　　(　　)

6. "预收账款"账户期末余额在借方时,应为企业的应收账款。　　　　　(　　)

7. 增值税一般纳税人在确认商品销售收入的同时应核算增值税销项税额。(　　)

8. 企业实际缴纳的增值税、消费税等均应记入"税金及附加"账户。　　(　　)

9. "应收账款"账户和"预收账款"账户均属于资产类账户。　　　　　(　　)

10. 企业为取得收入而付出的成本,应确认为营业成本,即主营业务成本或其他业务成本。　　　　　　　　　　　　　　　　　　　　　　　　　　　　　　　(　　)

二、单项选择题

1. 企业销售商品时收取的增值税税额,应记入"(　　　)"账户。

A. 主营业务收入　　　　　　　　　　B. 其他业务收入

C. 应交税费——应交增值税　　　　　D. 应付账款

2. 企业销售材料取得的收入,应确认为(　　　)。

A. 主营业务收入　　　　　　　　　　B. 其他业务收入

C. 营业外收入　　　　　　　　　　　D. 投资收益

3. 企业在销售过程中支付的消费税,应通过"(　　　)"账户进行核算。

A. 主营业务成本　　B. 销售费用　　C. 其他业务成本　　D. 税金及附加

三、多项选择题

1. 收入可以表现为(　　　　)。

A. 资产的增加　　B. 费用的减少　　C. 负债的减少　　D. 代收款的增加

2. 下列项目中,属于其他业务收入的有(　　　　)。

A. 罚款收入　　　　　　　　　　　　B. 出租固定资产收入

C. 转让无形资产收入　　　　　　　　D. 销售材料收入

3. 下列交易或事项中,不应确认为收入的有(　　　　)。

A. 代购商品所收到的手续费收入　　　B. 罚款收入

C. 补贴收入　　　　　　　　　　　　D. 出售固定资产收入

4. 通过"税金及附加"账户核算的税费有(　　　　)。

A. 增值税　　　　　　　　　　　　　B. 消费税

C. 教育费附加　　　　　　　　　　　D. 城市维护建设税

四、业务题

(一)目的

练习收入的核算。

（二）资料

（1）永昌公司今年8月份销售A产品3 000件,价款195 000元和增值税税款25 350元;销售B产品1 000件,价款55 000元和增值税税款7 150元。款项均未收到。

（2）以银行存款支付产品广告费3 500元、增值税税额210元。

（3）结转已销产品的生产成本：A产品单位生产成本为每件42元,B产品单位成本为每件33元。

（4）计算本月应交的A产品的消费税2 500元。

（5）结转"本年利润"账户。

（6）收到客户前欠的货款64 350元,存入银行。

（三）要求

根据上述资料编制相应的会计分录。

五、思考题

1. 销售过程主要包括哪些基本业务？

2. 何谓收入？主营业务收入和其他业务收入是如何划分的？

任务五   利润形成与分配的核算

一、判断题

1. 企业生产车间为组织和管理生产而发生的各项费用,均应计入企业的管理费用。
（   ）

2. 企业行政管理部门领用的材料成本,应计入企业的管理费用。 （   ）

3. 企业发生的与资金筹集有关的费用,均应计入企业的财务费用。 （   ）

4. 销售费用、管理费用、财务费用等均应以实际发生额入账。 （   ）

5. 企业发生的银行结算手续费,应计入企业的财务费用。 （   ）

6. 各期间费用账户在期末结转后均无余额。 （   ）

7. 利润总额,是指企业的营业利润加投资收益加营业外收支净额减去所得税费用后的余额。 （   ）

8. 确实无法支付的应付账款,经批准后应转入资本公积。 （   ）

9. 向投资者支付已宣告分配的现金股利,将导致企业的资产和负债同时减少。 （   ）

10. 年末结转后"本年利润——未分配利润"账户的借方余额即为企业历年积存的未分配利润。 （   ）

二、单项选择题

1. 为组织企业经营管理而领用材料的实际成本,应记入"（   ）"账户的借方。

A. 生产成本   　B. 制造费用   　　C. 管理费用   　　　D. 销售费用

2. 企业为扩大销售市场发生的业务招待费,应计入（   ）。

A. 管理费用   　B. 销售费用   　　C. 其他业务成本   　D. 营业外支出

3. 下列费用中属于期间费用的是（   ）。

A. 直接材料费用   B. 制造费用   　C. 银行手续费   　D. 直接人工费用

4. 年终结转后,"利润分配——未分配利润"账户的贷方余额表示( )。

A. 企业实现的净利润 　　　　　　　B. 企业实现的利润总额

C. 企业累计未弥补亏损 　　　　　　D. 企业累计未分配利润

5. 期末,应转入"本年利润"账户借方的是( )。

A. "主营业务收入"账户 　　　　　　B. "其他业务成本"账户

C. "营业外收入"账户 　　　　　　　D. "制造费用"账户

三、多项选择题

1. 向投资者分配利润,会引起( )要素发生增减变化。

A. 资产 　　　　B. 负债 　　　　C. 所有者权益 　　　　D. 利润

2. 下列费用中,应作为期间费用核算的有( )。

A. 车间机器设备的修理费用 　　　　B. 企业行政管理部门设备折旧费用

C. 工会经费和公司经费 　　　　　　D. 劳动保险费

3. 在结转损益时,下列账户余额应转入"本年利润"账户的有( )。

A. 制造费用 　　　B. 销售费用 　　　C. 管理费用 　　　D. 财务费用

4. 企业的利润总额,包括( )。

A. 营业利润 　　　B. 投资收益 　　　C. 营业外收入 　　　D. 营业外支出

5. 下列项目中,属于营业外收入的有( )。

A. 捐赠利得 　　　B. 销售材料收入 　　　C. 提供劳务收入 　　　D. 盘盈利得

6. 下列项目中,属于营业外支出的有( )。

A. 存货资产的盘亏 　B. 固定资产的盘亏 　C. 捐赠支出 　　　D. 非常损失

7. 在结转损益时,下列账户余额应转入"本年利润"账户的有( )。

A. 主营业务收入 　　B. 营业外收入 　　C. 制造费用 　　D. 其他业务成本

8. 企业依法缴纳企业所得税,对会计要素的影响可能包括( )。

A. 所有者权益减少 　B. 资产减少 　　　C. 负债增加 　　　D. 费用增加

9. 下列关于"本年利润"账户的描述中,正确的有( )。

A. 借方登记期末转入的各项费用 　　B. 贷方登记期末转入的各项收入

C. 贷方余额为本年实现的净利润 　　D. 借方余额为本年发生的净亏损

10. 年末结转后,"利润分配"账户所属各明细账户中没有余额的有( )。

A. 提取法定盈余公积 　　　　　　　B. 提取任意盈余公积

C. 应付普通股股利 　　　　　　　　D. 未分配利润

四、业务题

业 务 题 一

(一)目的

练习期间费用的核算。

(二)资料

蓝天公司今年8月份发生如下经济业务。

3

（1）以银行存款支付如下款项。

银行借款利息 25 000 元,其中用于在建工程的借款利息 15 000 元;

咨询费用 500 元;

医疗保险费 850 元;

失业保险费 1 200 元;

产品展览费用 400 元;

劳动保护费用 1 100 元;

办公用品 50 元;

诉讼费用 320 元;

业务招待费用 2 400 元;

销售产品运输费用 1 500 元。

（2）分配职工工资 50 000 元,其中生产人员工资 40 000 元;车间管理人员工资 2 000元;公司管理人员工资 3 000 元;在建工程人员工资 5 000 元。

（3）以银行存款支付公司行政管理部门使用的固定资产修理费 5 000 元。

（4）支付银行手续费 4 000 元。

（三）要求

根据上述资料编制相应的会计分录。

业　务　题　二

（一）目的

练习利润形成及利润分配的核算。

（二）资料

北方公司今年 12 月份有关经济业务如下。

（1）销售 A 产品 1 000 千克,价款 90 000 元,增值税税款 11 700 元,货款已收到;销售 B产品 200 千克,价款 10 000 元,增值税税款 1 300 元,收到开出、承兑的商业汇票。

（2）以银行存款支付产品展销场地使用费 3 000 元。

（3）结转已销产品的生产成本:A 产品单位生产成本为每千克 60 元,B 产品单位生产成本为每千克 30 元。

（4）以银行存款向希望工程捐赠 10 000 元。

（5）支付短期借款利息 2 400 元。

（6）12 月末部分总账账户余额如表 3-10 所示。

表 3-10　　　　　　　　　　　总账账户余额表　　　　　　　　　　　单元:元

会 计 科 目	借 方	贷 方
主营业务收入		8 000 000
其他业务收入		150 000
投资收益		200 000
营业外收入		4 000

续　表

会　计　科　目	借　　方	贷　　方
主营业务成本	6 000 000	
税金及附加	15 000	
其他业务成本	120 000	
销售费用	180 000	
管理费用	400 000	
财务费用	58 000	
营业外支出	80 000	

（三）要求

（1）计算并结转本年利润总额。

（2）按利润总额的 25% 计算企业应缴纳的企业所得税。

（3）按净利润的 10% 计提盈余公积。

（4）按净利润的 20% 向投资者分配利润。

（5）年末结转企业的未分配利润。

<h1 style="text-align:center">业　务　题　三</h1>

（一）目的

综合练习企业主要经济业务的核算和产品成本的计算。

（二）资料

（1）购入材料一批，价款 80 000 元，增值税税款 10 400 元，以银行存款支付 50% 的货款，余款暂欠。

（2）以现金支付上述材料的运杂费 400 元、增值税税款 36 元。

（3）上述材料验收入库，结转其采购成本。

（4）从银行提取现金 40 000 元。

（5）以现金 40 000 元发放本月职工工资。

（6）领用材料 136 400 元，其中 A 产品耗用 81 000 元，B 产品耗用 43 500 元，车间修理用 6 400 元，公司行政管理部门耗用 5 500 元。

（7）销售 A 产品 500 件，价款 90 000 元，增值税税款 11 700 元，款项已收到并存入银行。

（8）以银行存款支付本月产品广告费 1 800 元、增值税税款 108 元。

（9）以银行存款支付生产设备修理费 1 500 元、增值税税款 195 元，法律咨询费 3 000元、增值税税款 180 元。

（10）销售 B 产品 500 件，价款 60 000 元，增值税税款 7 800 元，款项尚未收到。

（11）以银行存款支付本月销售产品包装费 1 200 元、增值税税款 156 元。

（12）分配本月应付电费 7 000 元，增值税税款 910 元，其中 A 产品耗用 3 000 元，B 产品耗用 2 500 元，车间耗用 1 000 元，公司行政管理部门耗用 500 元。

（13）分配本月职工工资 40 000 元，其中生产 A 产品工人工资 15 000 元，生产 B 产品工人工资 20 000 元,车间管理人员工资 1 700 元,公司行政管理人员工资 3 300 元。

(14) 计提本月固定资产折旧 15 500 元,其中生产车间计提 10 000 元,行政管理部门计提 5 500 元。

(15) 支付短期借款利息 500 元。

(16) 根据 A、B 产品的生产工时比例分配本月发生的制造费用(本月 A 产品耗用 6 000 小时,B 产品耗用 4 000 小时)。

(17) 本月投产的 A 产品 1 000 件和 B 产品 1 000 件全部完工入库,结转其生产成本。

(18) 结转本月销售 A 产品 500 件的生产成本 60 000 元,销售 B 产品 500 件的生产成本 40 000 元。

(19) 结转"本年利润"账户。

(20) 按本月实现的利润总额计算本月应缴纳的企业所得税(税率为 25%)。

(三) 要求

根据上述资料编制相应的会计分录。

业 务 题 四

(一) 目的

综合练习。

(二) 资料

建华公司今年 8 月份发生如下经济业务。

(1) 1 日,从银行取得短期借款 100 000 元存入银行。

(2) 2 日,中华公司增加投资 200 000 元,款项已收到并存入银行。

(3) 3 日,从环球公司购进甲材料 5 000 千克,单价 18 元/千克,乙材料 3 000 千克,单价 25 元/千克,增值税税款 21 450 元。款项以银行存款支付,材料尚未收到。

(4) 3 日,以现金支付上述甲、乙两种材料运费 800 元、增值税税款 72 元,按材料重量分摊运费。

(5) 5 日,上述材料运到,经验收入库,计算并结转采购成本。

(6) 6 日,以银行存款归还前欠丰城公司货款 20 000 元。

(7) 8 日,购买办公用品 200 元、增值税税款 26 元,以现金支付。

(8) 10 日,从环球公司购进甲材料 8 000 千克,单价 18 元/千克、增值税税款 18 720 元,运费 500 元、增值税税款 45 元。材料收到,并验收入库,货款尚未支付。

(9) 10 日,生产车间领用甲材料 3 500 千克,单价 18.20 元/千克,领用乙材料 2 000 千克,单价 25.20 元/千克。该批材料均用于 A 产品的生产。

(10) 11 日,生产车间领用乙材料 1 500 千克,单价 25.20 元/千克。其中,A 产品生产耗用 800 千克乙材料,B 产品生产耗用 700 千克乙材料。

(11) 12 日,向银行提取现金 22 000 元备发工资。

(12) 12 日,以现金 22 000 元发放工资。

(13) 15 日,向海宁公司销售 A 产品 1 800 件,售价 48 元/件,共计 86 400 元,增值税税额 11 232 元。款项已收到并存入银行。

(14) 15 日,开出转账支票支付广告费 2 000 元、增值税税款 120 元。

(15) 18 日,职工王刚预借差旅费 3 000 元。

(16) 19 日,开出转账支票支付公司电费 5 000 元、增值税税款 650 元。

(17) 20 日,以银行存款支付车间修理费 1 800 元、增值税税款 234 元。

(18) 22 日,向海宁公司销售 B 产品 2 000 件,售价 55 元/件,共计 110 000 元,增值税税额 14 300 元。商品已发出,货款尚未收到。

(19) 25 日,王刚报销差旅费 2 800 元,退回现金 200 元。

(20) 31 日,计提本月固定资产折旧 16 000 元,其中车间 9 000 元,公司管理部门 7 000 元。

(21) 31 日,分配本月工资费用,其中 A 产品生产工人工资 8 000 元,B 产品生产工人工资 7 000 元,车间管理人员工资 2 000 元,公司管理人员工资 5 000 元。

(22) 31 日,根据在岗职工情况、相关历史经验数据计算本月因补贴职工食堂需要承担的福利费金额共 3 080 元,其中 A 产品生产工人 1 120 元,B 产品生产工人 980 元,车间管理人员 280 元,公司管理人员 700 元。

(23) 31 日,结转 A、B 产品销售成本,A 产品单位生产成本为 35 元/件,B 产品单位生产成本为 38 元/件。

(24) 31 日,按 A、B 产品生产工人工资比例分配制造费用。

(25) 31 日,A 产品 2 300 件全部完工并验收入库,结转完工产品的生产成本。乙产品尚未完工。

(三)要求

(1) 根据上述经济业务编制会计分录。

(2) 开设"生产成本""制造费用"的"T"形账户,并根据编制的会计分录进行登记(假定 A、B 产品期初均无未完工产品)。

五、思考题

1. 什么是利润? 利润的构成如何? 企业的净利润是怎样形成的?

2. 企业的净利润应按照怎样的顺序进行分配?

项目四　填制与审核会计凭证(下)

学 习 指 导

任务一　填制与审核原始凭证

一、会计凭证概述

(一)会计凭证的概念和种类

会计凭证是具有一定格式,用以记录经济业务的发生和完成情况,明确经济责任,作为记账依据的书面证明。

企事业单位的经济业务是复杂的,设置的会计凭证种类繁多,按照其填制的程序和用途的不同,可划分为原始凭证和记账凭证。

(二)会计凭证的作用

会计凭证是会计核算的依据;会计凭证是审核经济业务的依据;会计凭证是分清经济责任的依据。

二、原始凭证的种类

原始凭证按取得的来源不同分为自制原始凭证、外来原始凭证;按照格式的不同分为通用原始凭证和专用原始凭证;按照填制手续及内容的不同分为一次凭证、累计凭证和汇总凭证。

三、原始凭证的基本内容

由于各单位经济业务内容的复杂性与多样性,决定了各单位所使用的原始凭证及其所反映的具体内容也有所不同。但是原始凭证又具有共同的基本内容,这些基本内容,是原始凭证必须具备的要素,主要包括:① 原始凭证名称;② 填制凭证的日期;③ 凭证的编号;④ 接受凭证单位名称(抬头人);⑤ 经济业务内容(含数量、单价、金额等);⑥ 填制单位签章;⑦ 有关人员(部门负责、经办人员)签章;⑧ 填制凭证单位名称或者填制人姓名、凭证附件。

四、填制原始凭证的基本要求

(1)记录要真实。

(2)内容要完整。

(3) 手续要完备。

(4) 书写要清楚、规范。

(5) 编号要连续。

(6) 不得涂改、刮擦、挖补。

(7) 填制要及时。

五、原始凭证的书写

(一) 单个数码字的书写

(1) 顺序书写。

(2) 倾斜书写。

(3) 字位适当。

(4) 字迹工整。

(5) 保持特色。

(6) 掌握要领。

数码字的书写示范如图 4-1 所示。

图 4-1　数码字的书写示范

(二) 数码金额的书写

1. 印有数位线(金额线)的数码字书写

原始凭证如已印好数位线,只需逐格顺序书写,角分栏金额齐全。

2. 没有数位线(金额线)的数码字书写

如果有的原始凭证上没有印上数位线,书写金额时,元位以上每三位一节,元和角之间要用小数点".",有时也可以在角分数字之下画一短横线。如果没有角分,仍应在元位后的小数点"."后补写"00"或画一短斜横线。如果金额有角无分,则应在分位上补写"0"。

3. 合理运用货币币种符号

阿拉伯金额数字前面应当书写货币币种符号或者货币名称简写和币种符号。

(三) 中文大写数字的书写

1. 中文大写金额数字的书写要求

(1) 标明货币名称。

(2) 规范书写。

(3) 正确运用"整"或"正"。

(4) 正确写"零"。

(5) 表示数位的文字(即拾、佰、仟、万、亿)前必须有数字。

2. 中文大写票据日期的书写要求

票据的出票日期必须使用中文大写。为防止变造票据的出票日期,在填写月日时,月为壹、贰和壹拾的,日为壹至玖和壹拾、贰拾、叁拾的,应在其前面加"零";日为拾壹至拾玖的,应在其前面加"壹"。

六、原始凭证的审核

在会计核算工作中,原始凭证只有经过审核无误后,才能作为填制记账凭证和记账的依据。

(一) 原始凭证的审核内容

(1) 原始凭证的真实性。

(2) 原始凭证的合法性。

(3) 原始凭证的合理性。

(4) 原始凭证的完整性。

(5) 原始凭证的正确性。

(6) 原始凭证的及时性。

(二) 原始凭证审核结果的处理

(1) 对于完全符合要求的原始凭证,应及时据以编制记账凭证入账。

(2) 对于真实、合法、合理但内容不够完整、填写有错误的原始凭证,应退回给有关经办人员,由其负责将有关凭证补充完整、更正错误或重开后,再办理正式会计手续。

(3) 对于不真实、不合法的原始凭证,会计机构、会计人员有权不予接受,并向单位负责人报告。

任务二　填制与审核记账凭证

一、记账凭证的种类

(一) 按内容分类

记账凭证按内容可分为收款凭证、付款凭证和转账凭证。

(二) 按填列方式分类

记账凭证按填列方式可分为复式记账凭证和单式记账凭证。

二、记账凭证的基本内容

记账凭证必须具备以下基本内容:① 记账凭证的名称;② 记账凭证的日期;③ 记账凭证的编号;④ 经济业务事项的内容摘要;⑤ 经济业务事项所涉及的会计科目及其记账方向;⑥ 经济业务事项的金额;⑦ 记账标记;⑧ 所附原始凭证的张数;⑨ 制证、审核、记账、会计主管等有关人员的签章,收款凭证和付款凭证还应由出纳人员签名或盖章。

三、记账凭证的填制要求

(一) 记账凭证填制的基本要求

(1) 审核无误。

(2) 分类正确。

(3) 内容完整。

(二) 记账凭证填制的具体要求

(1) 日期的填写。记账凭证的填制日期一般应为编制记账凭证当天的日期,月末的调整和结账分录虽然需要到下月才能编制,仍应填写业务发生当月月末的日期。

（2）编号的填写。记账凭证必须按月连续编号。也可以根据所使用的记账凭证的不同形式,采用分类统一编号。复杂的会计事项,需要填制两张或两张以上记账凭证的,应另编分号。

（3）摘要的填写。记账凭证的摘要栏内容要真实,简明扼要,但又要完整地反映经济业务内容。

（4）会计科目的填写。应正确填写所涉及的会计科目的名称。

（5）金额的填写。金额栏按要求填写至"分"。在合计金额前标明人民币符号"￥",如有空行,应当自金额栏最后一笔金额数字下的空行处至合计数上的空行处画线注销。

（6）记账符号的填写。登记账簿完毕后,记账人员要在记账凭证表格中的"记账"栏注明已经记账的符号(如打"√"或注明账页次)。

（7）附件张数的填写。原始凭证张数一般应以原始凭证的自然张数为准。

（8）签名与盖章。凡是与记账有关的人员,包括会计主管、稽核、记账和制单人员都要在记账凭证上签章,涉及收款、付款凭证的,还要有出纳人员签章。

四、记账凭证的审核

（1）审核内容是否真实。

（2）审核项目是否齐全。

（3）审核科目是否正确。

（4）审核金额是否正确。

（5）审核书写是否正确。

五、会计凭证的传递和保管

（一）会计凭证的传递

（1）传递的程序要合理。

（2）传递的时间要节约。

（3）传递的手续要严密。

（二）会计凭证的保管

1. 会计凭证的日常保管

各种会计凭证应及时传递,不得积压,登记完毕后,应按照分类和编号顺序保管,不得散乱和丢失。

2. 定期装订成册

会计部门在记账后,应定期对各种会计凭证加以分类整理,连同所附原始凭证折叠整齐、分册装订并加具封面、封底。

3. 归档保管

年度终了,应将装订成册的记账凭证移交财会档案登记归档。当需要调阅时,应履行登记手续。

4. 严格执行会计保管期限规定

永久保存的会计凭证要长期保存,不得销毁;对于定期保存的凭证,应于保管期限满后,按照规定的手续,开列清单,报经批准后销毁。

习　题

任务一　填制与审核原始凭证

一、判断题

1. 原始凭证是由会计部门填制的,是登记账簿的直接依据。　　　　　　（　　）
2. 原始凭证汇总表是在一定时期内连续记录同类经济业务,并把截至期末的累计数作为记账依据的自制原始凭证。　　　　　　　　　　　　　　　　　　　（　　）
3. 原始凭证按其填制的程序和用途不同,可以分为一次凭证和累计凭证。（　　）
4. 会计凭证包括原始凭证和记账凭证。　　　　　　　　　　　　　　　（　　）
5. 填制原始凭证时,日期均需要大写,以避免篡改。　　　　　　　　　（　　）

二、单项选择题

1. 将会计凭证划分为原始凭证和记账凭证两大类的主要依据是(　　)。
   A. 凭证填制的时间　　　　　　　　　B. 凭证填制的人员
   C. 凭证填制的程序和用途　　　　　　D. 凭证反映的经济内容
2. 限额领料单是一种(　　)。
   A. 一次凭证　　　B. 累计凭证　　　C. 汇总凭证　　　D. 单式凭证
3. 填制和审核会计凭证是(　　)的前提和依据。
   A. 设置账户　　　B. 成本计算　　　C. 登记账簿　　　D. 编制会计报表
4. 下列单据中,不能作为记账用的原始凭证是(　　)。
   A. 材料请领单　　B. 收料单　　　C. 限额领料单　　D. 退料单
5. 会计人员在审核原始凭证时,发现其金额有误,应当由(　　)。
   A. 原填制单位更正　　　　　　　　　B. 经办人员更正
   C. 会计人员更正　　　　　　　　　　D. 会计主管人员更正

三、多项选择题

1. 原始凭证按其取得的来源不同,可分为(　　　　　)。
   A. 一次凭证　　　B. 累计原始凭证　　C. 自制原始凭证　　D. 外来原始凭证
2. 企业购入材料收到供货单位开具的发票,该发票应属于(　　　　)。
   A. 一次凭证　　　B. 自制原始凭证　　C. 外来原始凭证　　D. 累计原始凭证
3. 下列单据中,可以作为原始凭证的有(　　　　)。
   A. 销货发票　　　B. 购销合同　　　C. 支票存根　　　D. 银行对账单

四、思考题

1. 什么是会计凭证？填制和审核会计凭证有何意义？
2. 原始凭证必须具备哪些基本内容？
3. 原始凭证的填制和审核应注意哪些问题？

任务二 填制与审核记账凭证

一、判断题

1. 现金收款凭证和现金付款凭证不仅是记账的依据,而且也是出纳员办理现金收款、付款业务的依据。 ( )

2. 对于库存现金与银行存款之间的相互划转业务,一般只编制付款凭证,不编制收款凭证。 ( )

3. 转账凭证不能反映库存现金、银行存款的增减变动。 ( )

4. 记账凭证是根据原始凭证填制的,用以记录经济业务、明确经济责任、具有法律效力的书面证明,是记账的依据。 ( )

5. 记账凭证是根据原始凭证或原始凭证汇总表的经济内容,应用会计科目和复式记账法,确定会计分录,并作为记账依据的一种会计凭证。 ( )

6. 记账凭证按其反映的经济业务内容不同,可以分为收款凭证、付款凭证和转账凭证。( )

7. 会计凭证的传递,是指会计凭证从填制(或取得)起,经过审核、整理、记账到装订保管为止,在有关部门、人员之间办理业务手续的过程。 ( )

二、单项选择题

1. 销售产品一批,部分货款收存银行,部分货款对方暂欠,该企业应填制( )。
A. 收款凭证和付款凭证
B. 收款凭证和转账凭证
C. 付款凭证和转账凭证
D. 两张转账凭证

2. 以银行存款归还银行借款业务,应编制( )。
A. 收款凭证
B. 付款凭证
C. 转账凭证
D. 付款凭证和转账凭证

3. 记账凭证填制的依据是( )。
A. 收款凭证
B. 付款凭证
C. 原始凭证和原始凭证汇总表
D. 转账凭证

4. 销售产品收到商业汇票一张,应该填制( )。
A. 银收票记账凭证
B. 现付票记账凭证
C. 转账凭证
D. 单式凭证

5. 记账凭证审核时,一般不包括( )。
A. 记账凭证是否附有原始凭证,是否同所附的原始凭证的内容相符合
B. 记账凭证的时间是否与原始凭证的时间一致
C. 根据原始凭证所作的会计科目和金额是否正确
D. 规定的项目是否填列齐全,有关负责人是否签名或盖章

三、多项选择题

1. 下列经济业务,应填制付款凭证的有( )。
A. 以银行存款支付货款
B. 收存货款
C. 以现金支付差旅费
D. 从银行提取现金备用

2. 记账凭证的编制依据有(　　　　)。

A. 原始凭证 　　　　　　　　　　　B. 原始凭证汇总表

C. 账簿记录 　　　　　　　　　　　D. 转账凭证

3. 记账凭证按其填列方式不同可分为(　　　　)。

A. 专用凭证 　　　B. 通用凭证 　　　C. 单式凭证 　　　D. 复式凭证

4. 下列项目中,属于记账凭证基本内容的有(　　　　)。

A. 金额 　　　　　B. 凭证编号 　　　C. 会计科目 　　　D. 经济业务摘要

5. 下列项目中,属于记账凭证审核内容的有(　　　　)。

A. 内容是否真实 　B. 项目是否齐全 　C. 科目是否正确 　D. 金额是否正确

四、思考题

1. 记账凭证必须具备哪些基本内容?

2. 记账凭证的填制和审核应注意哪些问题?

实　　　训

实训一　财会书写

一、实训目标

通过实训,能够规范书写单个数码字、数码金额和中文大写数字。

二、实训资料

(1) 单个数码字练习表如实训材料 4 - 1 - 1 所示。

实训材料 4 - 1 - 1　　　　　　　　**单个数码字练习表**

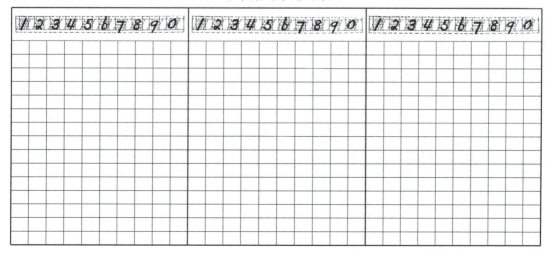

（2）中文大写数字转换数码字练习表如实训材料 4 - 1 - 2 所示。

实训材料 4 - 1 - 2　　　　中文大写数字转换数码字练习表

序号	中文大写数字	没有数位线的数码字	印有数位线的数码字								
			百	十	万	千	百	十	元	角	分
（1）	人民币叁拾捌元陆角肆分										
（2）	人民币捌佰零陆元叁角整										
（3）	人民币伍仟壹佰元整										
（4）	人民币陆万叁仟肆佰伍拾元整										
（5）	人民币壹拾肆万伍仟陆佰元零肆角整										
（6）	人民币柒佰叁拾捌万零贰佰肆拾元整										
（7）	人民币肆万贰仟元零玖分										
（8）	人民币叁角玖分										
（9）	人民币贰佰万元整										
（10）	人民币柒万零伍元整										

（3）中文大写数字练习表如实训材料 4 - 1 - 3 所示。

实训材料 4 - 1 - 3　　　　　中文大写数字练习表

零						零					
壹						壹					
贰						贰					
叁						叁					
肆						肆					
伍						伍					
陆						陆					
柒						柒					
捌						捌					
玖						玖					
拾						拾					
佰						佰					
仟						仟					
万						万					
亿						亿					
元						元					
角						角					
分						分					
整						整					

（4）部分人民币金额如下：

① ¥263.60　　　应写成 _____ 。

② ¥430.60　　　应写成 _____ 。

③ ¥1 361.00　　应写成 _____ 。

④ ¥54 626.38　 应写成 _____ 。

⑤ ¥20 400.72　 应写成 _____ 。

⑥ ¥3 420.05　　应写成 _____ 。

⑦ ¥60 107.29　 应写成 _____ 。

⑧ ¥7 000 000.00 应写成 _____ 。

⑨ ¥4 000 000.52 应写成 _____ 。

⑩ ¥19.00　　　应写成 _____ 。

三、实训要求

（1）对照实训材料4-1-1中的数字练习数码字书写并填列于该表中。学生可根据需要反复训练书写单个数码字。

（2）按照规范将实训材料4-1-2中的中文大写数字转换为数码金额并填列于该表中。

（3）对照实训材料4-1-3中的文字，分别用楷体和行楷练习单个中文大写数字（含数位）书写并填列于该表中。学生可根据需要反复训练书写中文大写数字。

（4）将实训资料第4小题中的小写数码字转换为中文大写数字。

实训二　填制与审核原始凭证

一、实训目标

通过训练，能够正确识别并规范填制常见原始凭证。

二、实训资料

（一）项目二实训的相关资料

（二）中兴公司2024年1月份上旬发生的经济业务内容

（1）2日，从临江市东风工厂购入一批材料，款项未付，材料已验收入库。（提示：填制收料单）

（2）2日，向光大公司（地址：临江市中山路56号；电话：0553-2832818；开户银行：中国工商银行中山路办事处；账号：02-14518；纳税人识别号：91341007396710320E，下同）销售ST产品（通用设备）250件，单价为800元，增值税税率为13%，收到转账支票1张，送存银行。（提示：填制增值税专用发票、银行进账单）

（3）3日，开出转账支票偿付前欠货款2 000元，其中临江市南海工厂1 200元，临江市东风工厂800元。（提示：填制转账支票，存根入账）

（4）3日，办公室王宁出差预借差旅费1 300元，以现金付讫。

（5）7日，生产车间领用AKD材料261千克、BYS材料120千克，用于ST产品生产；领用BYS材料10千克为车间一般耗用。（提示：填制领料单）

（6）8日，收到光大公司转账支票1张，偿付所欠账款12 000元，存入银行。（提示：填

写银行进账单)

（7）9 日,办公室王宁报销差旅费,并退回剩余现金。（提示:填制现金收据）

（8）10 日,向临江市慈善总会捐款 5 000 元。（提示:填制转账支票,存根入账）

（三）相关原始凭证(实训材料 4-2-1-1—实训材料 4-2-8-2)

实训材料 4 - 2 - 1 - 1

电子发票（增值税专用发票）

发票号码：24342000000000005631
开票日期：2024年01月02日

购买方信息	名称：	中兴公司			销售方信息	名称：	临江市东风工厂		
	统一社会信用代码/纳税人识别号：	91341001012383452K				统一社会信用代码/纳税人识别号：	91343001503750963H		

项目名称	规格型号	单位	数量	单价	金额	税率/征收率	税额
*金属制品*AKD材料		千克	400	140.00	56000.00	13%	7280.00
*金属制品*BYS材料		千克	120	110.00	13200.00	13%	1716.00
合　　　　计					¥69200.00		¥8996.00
价税合计（大写）	⊗ 柒万捌仟壹佰玖拾陆元整				（小写）　¥78196.00		
备注	销方开户银行：工商银行东芜路支行　银行账号：26-98098						

开票人：　王林

4

-- ✂ -- ✂ --

实训材料 4 - 2 - 1 - 2　　　　中兴公司收料单

供货单位：　　　　　　　　　　　　　　　　　　　　　　凭证编号：
发票编号：　　　　　　　　　　　年　月　日　　　　　　收料仓库：

类别	编号	名称	规格	单位	数　量		实　际　成　本			
					应收	实收	单价	金额	运费	合计

主管：　　　　　　记账：　　　　　　仓库保管：　　　　　　经办人：

-- ✂ -- ✂ --

实训材料 4 - 2 - 1 - 3　　　　中兴公司收料单

供货单位：　　　　　　　　　　　　　　　　　　　　　　凭证编号：
发票编号：　　　　　　　　　　　年　月　日　　　　　　收料仓库：

类别	编号	名称	规格	单位	数　量		实　际　成　本			
					应收	实收	单价	金额	运费	合计

主管：　　　　　　记账：　　　　　　仓库保管：　　　　　　经办人：

实训材料 4 - 2 - 2 - 1

电子发票（增值税专用发票）

发票号码：24342000000000014901

开票日期：

国家税务总局
安徽省税务局

购买方信息	名称：				销售方信息	名称：		
	统一社会信用代码/纳税人识别号：					统一社会信用代码/纳税人识别号：		

项目名称	规格型号	单位	数量	单价	金额	税率/征收率	税额

合　　计		
价税合计（大写）		（小写）
备注		

开票人：

- - - ✂ - ✂ - - -

实训材料 4 - 2 - 2 - 2　　中国工商银行　进账单　（收账通知）　**3**

年　月　日

出票人	全　称		收款人	全　称		此联是收款人开户银行交给收款人的收账通知
	账　号			账　号		
	开户银行			开户银行		

金额	人民币（大写）	亿 千 百 十 万 千 百 十 元 角 分

票据种类		票据张数	
票据号码			

复核　　记账　　　　　　　　　收款人开户银行签章

实训材料 4-2-3-1

实训材料 4-2-3-2

实训材料 4-2-4-1

中兴公司借款单

2024年1月3日

借款人姓名	王 宁	部 门	办公室
借款金额	（大写）壹仟叁佰元整　¥1300.00		
借款理由	出差		
批准人	杨云天	归还时间	

4

实训材料 4－2－5－1　　　　　**中兴公司领料单**

领料单位：　　　　　　　　　　　年　月　日　　　　　　　发料第　　　号

类别	编号	名称	规格	单位	数量		单价	金额
					请领	实发		

用途		领料部门		发料部门	
		负责人	领料人	核准人	发料人

实训材料 4－2－5－2　　　　　**中兴公司领料单**

领料单位：　　　　　　　　　　　年　月　日　　　　　　　发料第　　　号

类别	编号	名称	规格	单位	数量		单价	金额
					请领	实发		

用途		领料部门		发料部门	
		负责人	领料人	核准人	发料人

实训材料 4－2－5－3　　　　　**中兴公司领料单**

领料单位：　　　　　　　　　　　年　月　日　　　　　　　发料第　　　号

类别	编号	名称	规格	单位	数量		单价	金额
					请领	实发		

用途		领料部门		发料部门	
		负责人	领料人	核准人	发料人

实训材料 4-2-6-1　　*中国工商银行　进账单*　（收账通知）**3**

年　月　日

出票人	全　称		收款人	全　称	
	账　号			账　号	
	开户银行			开户银行	

金额	人民币（大写）		亿	千	百	十	万	千	百	十	元	角	分

票据种类		票据张数	
票据号码			

复核　　记账　　　　　　　　　　收款人开户银行签章

此联是收款人开户银行交给收款人的收账通知

4

实训材料 4-2-7-1　　*中兴公司差旅费报销单*

姓名：王宁　　　　　　2024年1月9日

起止日期	起止地点	汽车费	火车费	飞机费	途中补助	住宿费	住勤补助	杂费	合计	单据
1月3日	临江—北京		216.00		20.00				236.00	2
1月4—7日	住　勤					600.00	80.00		680.00	1
1月8日	北京—临江		216.00		20.00				236.00	2
合　计			432.00		40.00	600.00	80.00		1 152.00	

合计报销金额（大写）壹仟壹佰伍拾贰元整　￥1 152.00

领导批示：请核报　杨云天　1月9日

实训材料 4-2-7-2　　*收款收据*　　№ 00512056

第三联：记账　　　　　　　　　年　月　日

今收到 ＿＿＿＿＿＿＿＿＿＿＿＿＿＿＿＿＿

人民币 ＿＿＿＿＿＿＿＿＿＿＿＿＿＿＿＿＿

系付 ＿＿＿＿＿＿＿＿＿＿＿＿＿＿＿＿＿

单位盖章：　　　会计：　　　出纳：　　　经手人：

实训材料 4 - 2 - 8 - 1

安徽省民间组织专用收据

2024 年 1 月 10 日　　　　No 51013398

交款单位（或个人）：临江市中兴有限责任公司　　　　支付方式：转账

收 入 项 目	标　　准	金　额							
		十万	千	百	十	元	角	分
1. 会费								
2. 捐赠、资助			5	0	0	0	0	0
3. 代收代办收款								
合　计			¥ 5	0	0	0	0	0

人民币大写：伍仟元整

单位（公章）：　　　　经办人：潘洁　　　　负责人：

第二联：收据联

4

- - - - ✂ - ✂ - - - -

实训材料 4 - 2 - 8 - 2

中国工商银行
转账支票存根
10203420
00286642

附加信息

出票日期　年　月　日
收款人：
金　额：
用　途：
单位主管　　会计

中国工商银行　转账支票　　10203420　00286642

出票日期（大写）　年　月　日　　付款行名称：
收款人：　　　　　　　　　　　　出票人账号：
人民币（大写）　　　　　　　　　亿千百十万千百十元角分
用途　　　　　　　　　　　　　　密码
上列款项请从　　　　　　　　　　行号
我账户内支付
出票人签章　　　　　　复核　　记账

付款期限自出票之日起十天

⑈640060⑉ 1022605⑈ 012605090 3312525 ⑈

- - - - ✂ - ✂ - - - -

三、实训要求

（1）根据实训资料识别原始凭证。

（2）根据实训资料填制自制原始凭证。

四、实训指导

主要原始凭
证的填制

实训三　填制与审核记账凭证

一、实训目标

通过训练,能够正确选择和规范编制收款凭证、付款凭证、转账凭证。

二、实训资料

(一)项目四实训二的相关资料

(二)中兴公司 2024 年 1 月 11 日至 28 日发生的经济业务

(1)11 日,从临江市南海工厂购入材料一批,款项已支付,材料尚未到达入库。(提示:填制转账支票,存根入账)

(2)15 日,上述从临江市南海工厂所购材料验收入库。(提示:填制收料单)

(3)15 日,领用 BYS 材料 200 千克,用于 TM 产品生产。(提示:填制领料单)

(4)18 日,支付车间生产用设备日常维护修理费。(提示:填制转账支票,存根入账)

(5)18 日,向光大公司(地址:临江市中山路 56 号;电话:0553 - 2832818;开户银行:中国工商银行中山路办事处;账号:02 - 14518;纳税人识别号:91341007396710320E)销售 ST 产品(通用设备)100 件,单价 800 元,增值税税率 13%,款项暂未收到。(提示:填制增值税专用发票)

(6)21 日,支付本月电费。电费按用电量分配:车间用电 1 600 度,行政部门用电 640 度。(提示:填制转账支票,存根入账,填制费用分配表)

(7)25 日,从银行提取现金 1 000 元备用。(提示:填制现金支票,存根入账)

(8)25 日,发放职工薪酬,应发薪酬为 91 733 元,代扣职工个人所得税 187 元,实发薪酬 91 546 元。

(9)25 日,收到恒力公司(地址:临江市大工山路 32 号;电话 0553 - 4527866;开户银行:中国工商银行大工山路办事处;账号:02 - 13647;纳税人识别号:91341007396710464D)本月设备租金价税合计 2 260 元,将转账支票 1 张送存银行。(提示:填制增值税专用发票和银行进账单)

(10)28 日,收到光大公司转账支票 1 张,偿付所欠 18 日货款 90 400 元,存入银行。(提示:填写银行进账单)

(11)28 日,支付广告费。(提示:填制转账支票,存根入账)

(三)相关原始凭证(实训材料 4 - 2 - 1 - 1—实训材料 4 - 2 - 8 - 2,实训材料 4 - 3 - 1 - 1—实训材料 4 - 3 - 11 - 2)

4

实训材料 4-3-1-1

电子发票（增值税专用发票）

发票号码：24342000000000020932
开票日期：2024年01月11日

购买方信息	名称：中兴公司				销售方信息	名称：临江市南海工厂		
	统一社会信用代码/纳税人识别号：91341001012383452K					统一社会信用代码/纳税人识别号：91343001503751450A		

项目名称　规格型号	单位	数量	单价	金　额	税率/征收率	税　额
*金属制品*AKD材料	千克	600	140.00	84000.00	13%	10920.00
*金属制品*BYS材料	千克	330	100.00	33000.00	13%	4290.00
合　　　计				¥117000.00		¥15210.00

价税合计（大写）	⊗ 壹拾叁万贰仟贰佰壹拾元整	（小写）　¥132210.00

备注	销方开户银行：工商银行劳动路办事处　银行账号：27-37451

开票人：　孙宏

4

✂ -- ✂ ---

实训材料 4-3-1-2

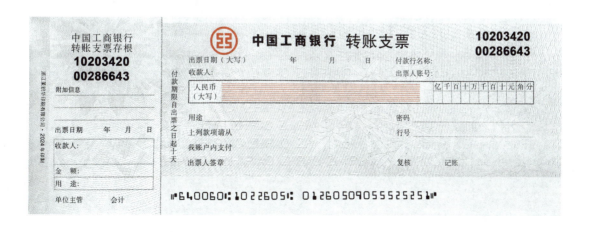

实训材料 4－3－2－1　　　　　**中兴公司收料单**

供货单位：　　　　　　　　　　　　　　　　　　　　凭证编号：
发票编号：　　　　　　　　　　年 月 日　　　　　　收料仓库：

类别	编号	名称	规格	单位	数 量		实 际 成 本			
					应收	实收	单价	金额	运费	合计

主管：　　　　　　记账：　　　　　　仓库保管：　　　　　　经办人：

- - - ✂ - ✂ - - -

4

实训材料 4－3－2－2　　　　　**中兴公司收料单**

供货单位：　　　　　　　　　　　　　　　　　　　　凭证编号：
发票编号：　　　　　　　　　　年 月 日　　　　　　收料仓库：

类别	编号	名称	规格	单位	数 量		实 际 成 本			
					应收	实收	单价	金额	运费	合计

主管：　　　　　　记账：　　　　　　仓库保管：　　　　　　经办人：

- - - ✂ - ✂ - - -

实训材料 4－3－3－1　　　　　**中兴公司领料单**

领料单位：　　　　　　　　　　年 月 日　　　　　　＿＿＿＿发料第＿＿＿＿号

类别	编号	名称	规格	单位	数 量		单价	金额
					请领	实发		

用途		领料部门		发料部门	
		负责人	领料人	核准人	发料人

实训材料 4－3－4－1

电子发票（增值税专用发票）

发票号码：24342000000000025907

开票日期：2024年01月18日

购买方信息	名称：中兴公司	销售方信息	名称：临江利民机电安装公司
	统一社会信用代码/纳税人识别号：91341001012383452K		统一社会信用代码/纳税人识别号：913430011347207863B

项目名称 规格型号	单 位	数 量	单 价	金 额	税率/征收率	税 额
*劳务*修理修配劳务	次	1	5260.00	5260.00	13%	683.80
合　　计				¥5260.00		¥683.80
价税合计（大写）	⊗ 伍仟玖佰肆拾叁元捌角整			（小写）¥5943.80		
备注	销方开户银行：工商银行赭山支行　银行账号：29-33803					

开票人：吴玉

- - - - - - - - ✂ - ✂ - - - - - - - -

实训材料 4－3－4－2

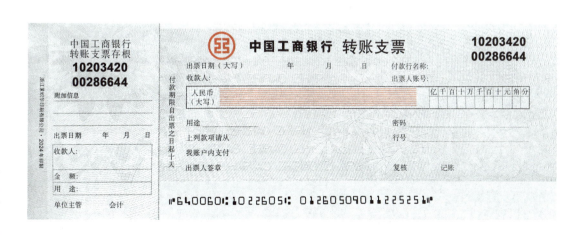

实训材料 4 - 3 - 5 - 1

电子发票（增值税专用发票）

发票号码：24342000000000037309

开票日期：

购买方信息	名称：								
	统一社会信用代码/纳税人识别号：								

销售方信息	名称：
	统一社会信用代码/纳税人识别号：

项目名称	规格型号	单位	数量	单价	金额	税率/征收率	税额
合　　计							

价税合计（大写）		（小写）

备注	

开票人：

实训材料 4 - 3 - 6 - 1

电子发票（增值税专用发票）

发票号码：24342000000000045907

开票日期：2024年01月21日

购买方信息	名称：中兴公司
	统一社会信用代码/纳税人识别号：913410010123834452K

销售方信息	名称：临江明远供电公司
	统一社会信用代码/纳税人识别号：91343001150341398OQ

项目名称	规格型号	单位	数量	单价	金额	税率/征收率	税额
*供电*售电		度	2240	1.25	2800.00	13%	364.00
合　　计					¥2800.00		¥364.00

价税合计（大写）	⊗ 叁仟壹佰陆拾肆元整	（小写）¥3164.00

备注	销方开户银行:工商银行赭山支行　银行账号：29-42508

开票人：朱丹

实训材料 4 - 3 - 6 - 2

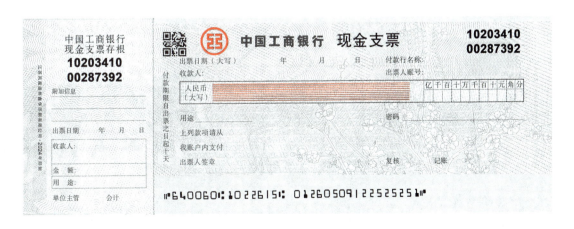

中国工商银行
转账支票存根
10203420
00286645

浙江某柱华包装有限公司 · 2024 年 6 月制

附加信息＿＿＿＿＿＿

出票日期　年　月　日
收款人：＿＿＿＿＿＿
金　额：＿＿＿＿＿＿
用　途：＿＿＿＿＿＿
单位主管　　会计

中国工商银行　转账支票
10203420
00286645
出票日期（大写）　年　月　日　付款行名称：＿＿＿＿
收款人：＿＿＿＿＿＿　　　　　　出票人账号：＿＿＿＿
人民币
（大写）
用途＿＿＿＿＿＿　　　　　密码＿＿＿＿＿＿
上列款项请从　　　　　　　行号＿＿＿＿＿＿
我账户内支付
出票人签章　　　　　　　复核　　记账

‖"640060‖: 1022605‖: 0126011802252525 1‖"

实训材料 4 - 3 - 6 - 3　　　　中兴公司费用分配表　　　　　金额单位：元

分 配 对 象	分 配 标 准	分 配 率	分 摊 额
合　　计			

会计　　　　　　　　　　复核　　　　　　　　　　制表

实训材料 4 - 3 - 7 - 1

中国工商银行
现金支票存根
10203410
00287392

江苏某某票据印刷有限公司 · 2024 年 6 月制

附加信息＿＿＿＿＿＿

出票日期　年　月　日
收款人：＿＿＿＿＿＿
金　额：＿＿＿＿＿＿
用　途：＿＿＿＿＿＿
单位主管　　会计

中国工商银行　现金支票
10203410
00287392
出票日期（大写）　年　月　日　付款行名称：＿＿＿＿
收款人：＿＿＿＿＿＿　　　　　　出票人账号：＿＿＿＿
人民币
（大写）
用途＿＿＿＿＿＿　　　　　密码＿＿＿＿＿＿
上列款项请从　　　　　　　
我账户内支付
出票人签章　　　　　　　复核　　记账

‖"640060‖: 1022615‖: 0126050912252525 1‖"

实训材料 4－3－8－1

工 资 结 算 表

2024 年 1 月 25 日　　　　　　　　　　　　　　　　单元：元

编号	姓名	部门名称	基本工资	加班工资	应发工资	个人所得税	实发工资	签名
101	杨云天	经理室	2 200.00	525.00	2 725.00	47.50	2 677.50	杨云天
102	王宁	办公室	1 700.00	456.00	2 156.00	7.80	2 148.20	王 宁
……	……	……	……	……	……	……	……	……
总计			73 600.00	18 173.00	91 773.00	187.00	91 546.00	

实训材料 4－3－8－2　　　**中国工商银行**　网上银行电子回单

电子回单号码：0000041231996752123

付款方	户　名	中兴公司	收款人	户　名	
	账　号	26－98098		账　号	
	开户行	工商银行东芜路办事处		开户行	
币种		人民币	交易渠道		
金额（小写）		91 546.00	金额（大写）		玖万壹仟伍佰肆拾陆元整
交易时间		2024－01－25　14:38:08	会计日期		202401
附言		发工资			

中国工商银行 电子回单专用章

实训材料 4－3－9－1

电子发票（增值税专用发票）

发票号码：24342000000000054901
开票日期：

购买方信息	名称：					销售方信息	名称：		
	统一社会信用代码/纳税人识别号：						统一社会信用代码/纳税人识别号：		

项目名称	规格型号	单位	数量	单价	金额	税率/征收率	税额

合　计		
价税合计（大写）		（小写）

备注

开票人：

实训材料 4-3-9-2 　中国工商银行　进账单 （收账通知） **3**

年 月 日

出票人	全　称		收款人	全　称	
	账　号			账　号	
	开户银行			开户银行	

金额	人民币（大写）		亿	千	百	十	万	千	百	十	元	角	分

票据种类		票据张数	
票据号码			

复核　　记账　　　　　　　　　　　　收款人开户银行签章

此联是收款人开户银行交给收款人的收账通知

4

✂ - ✂ - - -

实训材料 4-3-10-1 　中国工商银行　进账单 （收账通知） **3**

年 月 日

出票人	全　称		收款人	全　称	
	账　号			账　号	
	开户银行			开户银行	

金额	人民币（大写）		亿	千	百	十	万	千	百	十	元	角	分

票据种类		票据张数	
票据号码			

复核　　记账　　　　　　　　　　　　收款人开户银行签章

此联是收款人开户银行交给收款人的收账通知

实训材料 4 - 3 - 11 - 1

电子发票（增值税专用发票）

发票号码：24342000000000060232
开票日期：2024年01月28日

购买方信息	名称：中兴公司	销售方信息	名称：临江市黑白广告公司
	统一社会信用代码/纳税人识别号：91341001012383452K		统一社会信用代码/纳税人识别号：91343001503981762P

项目名称	规格型号	单位	数量	单价	金额	税率/征收率	税额
*广告服务*广告服务					1000.00	6%	60.00
合　计					¥1000.00		¥60.00

价税合计（大写）　⊗ 壹仟零陆拾元整　　　　（小写）¥1060.00

备注：销方开户银行:工商银行赭山支行　银行账号:29-77086

开票人：朱丹

4

---✂------✂---

实训材料 4 - 3 - 11 - 2

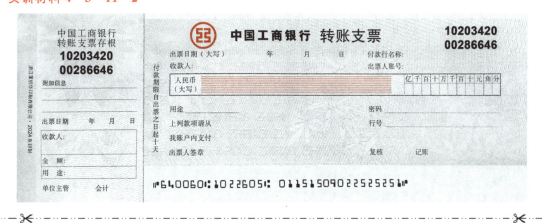

---✂------✂---

三、实训要求

1. 根据实训资料识别并填制相应的原始凭证。
2. 根据实训资料进行会计核算，并选择相应的记账凭证按规范编制。
3. 本次实训所需材料：收款凭证 5 张、付款凭证 9 张、转账凭证 7 张。

四、实训指导

记账凭证的
填制

项目五　登记会计账簿

学 习 指 导

任务一　登记日记账

一、会计账簿的分类

（一）会计账簿按用途分类

1. 序时账

序时账亦称日记账，是按经济业务发生时间的先后顺序逐日逐笔登记的账簿，用以反映某类经济业务随时间变化的情况。大多数企业一般设置库存现金日记账和银行存款日记账。

2. 分类账

分类账按记账内容详细程度不同，分为总分类账和明细分类账。总分类账是根据总分类科目设置账户，通过对全部经济业务的登记，以全面、系统、总括地反映全部资金增减变化和结存情况的账簿。明细分类账是根据明细分类科目设置账户，用以具体反映某类资金增减变化和结存情况的账簿。

3. 备查账

备查账也称辅助账，是对在序时账和分类账中未能反映和记录的事项进行补充登记的账簿。

（二）会计账簿按外形特征分类

1. 订本账

订本账是将一定数量的账页在使用前就排好页次并装订在一起的账簿。订本账常用于设置总分类账、库存现金日记账和银行存款日记账。

2. 活页账

活页账是将一定数量的账页按一定顺序装在账夹内，并可根据需要随时加入和取出部分账页的账簿。活页账常用于明细分类账。

3. 卡片账

卡片账是将一定数量卡片式的账页，按一定顺序码放在卡片箱内，并可根据需要随时加入和抽取的账簿。卡片账适用于设置固定资产、低值易耗品等使用时间长，但日常记录少的明细账。

（三）会计账簿按账页格式分类

1. 两栏式账簿

两栏式账簿是指只有"借方"和"贷方"两个基本金额栏目的账簿，普通日记账和转账日记账一般采用两栏式。

2. 三栏式账簿

三栏式账簿是设有"借方""贷方"和"余额"三个基本栏目的账簿。各类日记账、总分类账以及资本、债权、债务明细账都可以采用三栏式账簿。

3. 多栏式账簿

多栏式账簿是在账簿的两个基本栏目"借方"和"贷方"按需要分设若干栏的账簿。收入、费用明细账一般采用这种格式的账簿。

4. 数量金额式账簿

数量金额式账簿的"借方""贷方"和"余额"三个栏目内都分设"数量""单价"和"金额"三小栏，借以反映财产物资的实物数量和价值量。如原材料、库存商品等明细账一般都采用数量金额式账簿。

二、会计账簿的登记规则

（一）准确完整

登记会计账簿时，应当做到登记及时完整、数字清晰无误、摘要简明扼要、文字规范清楚。

（二）注明记账符号

登记完毕后，记账人员要在记账凭证下方"记账"处签名或者盖章，并在记账凭证表格中的"记账"栏注明已经记账的符号（如打"√"或注明账页次），表示已经记账，避免重记、漏记。

（三）书写留空

账簿中书写的文字和数字不要写满格，一般应占格距的二分之一，上面要留有适当的空间，以便更正改错。

（四）正确使用墨水

登记账簿要用蓝黑墨水或者碳素墨水钢笔书写，不得使用圆珠笔（银行的复写账簿除外）或者铅笔书写。用红色墨水记账仅限于某些特殊情况。

（五）顺序连续登记

各种账簿应按页次顺序连续登记，记账人员在记账时精力一定要集中，一笔接一笔，一行接一行，记满一页后，再记下一页，不得跳行、隔页。如果由于工作疏忽而不慎发生跳行、隔页时，不得随意撕毁账页，而应按规定的方法予以纠正。

（六）结算余额

凡需要结出余额的账户，结出余额后，应当在"借或贷"等栏内（一般指三栏式账页）注明"借"或者"贷"字样。没有余额的账户，应当在"借或贷"栏内写"平"字，并在余额栏内元位上用"⊖"表示。库存现金日记账和银行存款日记账必须逐日结出余额。

（七）账页转换

每一账页登记完毕应结转下页。对需要结计本月发生额的账户，结计"过次页"的本页合计数应当为自本月初起至本页末止的发生额合计数；对需要结计本年累计发生额的账户，结计"过次页"的本页合计数应当为自年初起至本页末止的累计数；对既不需要结计本月发生额也不需要结计本年累计发生额的账户，只要将每页末的余额结转次页即可。

三、日记账的登记方法

（一）库存现金日记账的登记方法

（1）登记日期栏：指登记现金实际收付的时间。

（2）登记凭证号数栏：指登记入账的凭证种类和编号。

（3）登记摘要栏：指简明扼要地写清入账的经济业务的内容。

（4）登记对方科目栏：指登记现金收入来源科目或现金支出用途的相应科目。

（5）登记收入、支出、结余栏：是指登记现金收、支及当期结余额。

（6）日清日结：每日登记完毕，应结出当日现金收入合计数、现金支出合计数和余额，并利用"本日余额＝昨日余额＋本日收入金额合计－本日支出金额合计"，将账面余额与库存现金实际数额核对，做到账实相符。

（二）银行存款日记账的登记方法

银行存款日记账的登记方法与库存现金日记账的登记方法基本相同。银行存款日记账每日终了，应结出账面余额，并定期同银行转来的对账单逐笔进行核对，每月至少核对一次。月份终了，如果核对不符，应及时查明原因进行处理，予以更正。核对银行存款余额时，需要时应按月编制"银行存款余额调节表"调整未达账项。

任务二　登记明细分类账

一、三栏式明细分类账的登记方法

三栏式明细分类账适用于那些只需要进行金额核算而不需要进行数量核算的明细分类账户，如应收账款、应付账款、短期借款、实收资本等明细账。三栏式明细分类账的登记要点是：

（1）将记账凭证的日期和编号记入相应账户的"年、月、日"栏和"凭证号数"栏。

（2）填写"摘要"栏。

（3）把应借、应贷的金额记入该账户的"借方"或"贷方"栏。

（4）每笔经济业务登记完毕后应结出余额，并判断余额性质是借还是贷，填到"借或贷"栏。

二、多栏式明细分类账的登记方法

多栏式明细分类账需要在账页内设置若干专栏，用以登记某一类经济业务的增减变动详细资料。多栏式明细账适用于明细项目较多，且要求分别列示的明细账，如生产成本、制造费用、管理费用、本年利润、应交税费等账户的明细核算。

一般情况下，多栏式明细账应在"借方"和"贷方"分别按照明细项目设专栏，如本年利润、应交税费等明细账户。如果某明细账的贷方在月份内只登记一两项业务时，可只按借方分设专栏，发生贷方业务时，在借方有关专栏内用红字登记，也可以设一个贷方总的金额栏，再设一个余额栏登记。

三、数量金额式明细分类账的登记方法

数量金额式明细分类账的账页,既要设置"收入""发出"和"结存"栏,又要在每栏再分设"数量""单价"和"金额"栏。它是一种钱物结合,以加强财产物资管理需要而设置的账簿,适用于既要进行金额核算,又要进行数量核算的明细分类账户。为了满足经济业务的需要,还可根据情况在格式的上端设置一些必要的项目供选用,如原材料、库存商品等明细账。

四、横线登记式明细分类账的登记方法

横线登记式明细分类账,也称平行式明细分类账。横线登记式明细分类账的账页,只设置"借方"和"贷方"两栏,经济业务发生和完成均在同一行次的借方栏和贷方栏平行登记,以便加强对这类业务的控制。它主要适用于往来账项等明细账户。如"其他应收款"明细账、"在途物资(材料采购)"明细账等。

横线登记式明细分类账的登记要点是:借方一般应按会计凭证的编号顺序逐日逐笔登记,贷方则不要求按会计凭证编号顺序逐日逐笔登记,而在其借方记录的同一行内进行登记。同一行内借、贷方均有记录时,表示该经济业务已处理完毕。如果有借方记录,而无贷方记录,则表示该项经济业务还未结束。

任务三 登记总分类账

一、逐笔登记法

逐笔登记法是直接根据记账凭证逐笔连续登记各个账户的一种方法,其登记要点是:

(1) 将记账凭证的日期和编号记入相应账户的"年、月、日"栏和"凭证号数"栏。

(2) 填写"摘要"栏。

(3) 把应借、应贷的金额记入该账户的"借方"或"贷方"栏。

(4) 每笔经济业务登记完毕后应结出余额,并判断余额性质是借还是贷,填到"借或贷"栏。

二、汇总登记法

汇总登记法是指按照一定的方法定期将所有的会计凭证汇总编制成汇总记账凭证或科目汇总表,再据以登记各个账户的一种方法。根据科目汇总表汇总登记总账的要点是:

(1) 定期编制科目汇总表。

(2) 将科目汇总表的日期和编号记入相应账户账页的"年、月、日"栏和"凭证号数"栏,登记日期应为汇总期间的最后一天,如按旬汇总,则登记日期分别为 10 日、20 日、30 日(或其他月末日)。

(3) 填写"摘要"栏,"摘要"栏应注明汇总期间,如写成"1—10 日发生额"。

(4) 把应借、应贷的金额记入该账户的"借方"或"贷方"栏。

(5) 每笔经济业务登记完毕后应结出余额,并判断余额性质是借还是贷,填到"借或贷"栏。

三、总分类账和明细分类账的平行登记

总分类账和明细分类账的平行登记,是指对于发生的每一项经济业务,依据原始凭证和记账凭证分别在总分类账户和其所属的明细分类账户进行登记的方法。总分类账和明细分

类账之间的平行登记方法可以归纳为以下几点：

(1) 同时期登记。

(2) 同方向登记。

(3) 等金额登记。

习　　题

任务一　登记日记账

一、判断题

1. 账簿按其用途不同，可以分为序时账簿、分类账簿和备查账簿。　　　　（　　）

2. 生产成本明细账和管理费用明细账的格式适宜采用多栏式。　　　　（　　）

3. 总账和库存现金、银行存款日记账应当采用订本式，明细分类账通常采用活页式。

（　　）

4. 总分类账只能以货币为计量单位提供总括的核算资料，明细分类账只能以货币为计量单位提供详细的核算资料。　　　　（　　）

5. 序时账既可以用来登记全部经济业务，也可以用来登记某一类经济业务。　（　　）

6. 记账时不慎发生"隔页""跳行"情况，应在空页或空行处用红色墨水画对角线，在空页上还应加盖"作废"戳记。　　　　（　　）

7. 库存现金日记账应在每日终了时结出余额，并与库存现金数额核对相符。（　　）

8. 日记账的登记可使用圆珠笔，但不得使用铅笔。　　　　（　　）

9. 库存现金日记账和银行存款日记账的登记依据是收款凭证和付款凭证。（　　）

10. 为简化日记账的登记，也可以根据汇总凭证登记相关的日记账。　　（　　）

二、单项选择题

1. 库存现金日记账、银行存款日记账应当采用（　　）。

A. 订本式　　　　B. 活页式　　　　C. 三栏式　　　　D. 卡片式

2. 库存现金日记账和银行存款日记账一般由（　　）负责登记。

A. 主办会计　　　B. 财务主管　　　C. 出纳员　　　　D. 收银员

3. 下列关于登记日记账的描述中，不正确的是（　　）。

A. 按经济业务发生的顺序，逐日逐笔登记　　B. 要做到日清月结

C. 银行存款日记账一定要与银行对账单核对　D. 可由主办会计负责登记

三、多项选择题

1. 库存现金日记账、银行存款日记账的登记依据包括（　　　　）。

A. 收款凭证　　　B. 付款凭证　　　C. 转账凭证　　　D. 相关原始凭证

2. 日记账的基本格式包括（　　　　）。

A. 日期与摘要　　B. 收入栏　　　　C. 支出栏　　　　D. 结余栏

5

3. 日记账的账页格式可选用（　　　　）。

A. 三栏式　　　　　B. 多栏式　　　　　C. 横线登记式　　　　D. 数量金额式

四、思考题

1. 简要说明日记账、分类账的特点、种类及格式。

2. 日记账是按照怎样的步骤进行登记的？

任务二　登记明细分类账

一、判断题

1. 明细分类账应根据记账凭证和所附原始凭证或原始凭证汇总表逐笔登记，不得定期汇总登记。　　　　　　　　　　　　　　　　　　　　　　　　　　　　　（　　　）

2. 三栏式明细账不仅适用于那些只需要进行金额核算的明细分类账户，也适用于需要进行数量核算的明细分类账户。　　　　　　　　　　　　　　　　　　　　（　　　）

3. 成本费用明细账通常采用多栏式账页。　　　　　　　　　　　　　　（　　　）

4. 为清晰反映应收票据的取得和收回情况，"应收票据"明细分类账也可以采用横线登记式明细账。　　　　　　　　　　　　　　　　　　　　　　　　　　　（　　　）

5. 数量金额式明细账一般适用于存货、固定资产等有形资产的登记。　　（　　　）

二、单项选择题

1. "库存商品"明细分类账的格式一般采用（　　　）。

A. 三栏式　　　　　B. 数量金额式　　　　C. 多栏式　　　　　D. 横线登记式

2. 对临时租入的固定资产，应在（　　　）中登记。

A. 分类账　　　　　B. 日记账　　　　　C. 备查账　　　　　D. 日记总账

3. "管理费用"明细账，应采用（　　　）。

A. 借方多栏式　　　B. 贷方多栏式　　　C. 借贷方多栏式　　D. 三栏式

4. 下列各明细账中，应当采用数量金额式账簿的是（　　　）。

A. 原材料明细账　　　　　　　　　　　B. 生产成本明细账

C. 主营业务收入明细账　　　　　　　　D. 主营业务成本明细账

5. 下列明细账中，可以采用三栏式明细账的是（　　　）。

A. 生产成本明细账　　　　　　　　　　B. 制造费用明细账

C. 固定资产明细账　　　　　　　　　　D. 债权债务明细账

三、多项选择题

1. 下列账户中，可以只按借方发生额来设置多栏式明细账页的有（　　　　）。

A. 生产成本　　　　B. 管理费用　　　　C. 主营业务收入　　D. 本年利润

2. 下列账簿中，应采用多栏式账页的有（　　　　）。

A. 生产成本明细账　　　　　　　　　　B. 期间费用明细账

C. 制造费用明细账　　　　　　　　　　D. 实收资本明细账

3. 下列账簿中，应采用数量金额式账页的有（　　　　）。

A. 应收票据明细账　　　　　　　　　B. 原材料明细账
C. 库存商品明细账　　　　　　　　　D. 在途物资明细账

4. 明细分类账采用的格式有（　　　）。
A. 三栏式　　　　B. 多栏式　　　　C. 数量金额式　　　　D. 横线登记式

5. 明细分类账可以直接根据（　　　）登记。
A. 记账凭证　　　　B. 原始凭证　　　　C. 科目汇总表　　　　D. 汇总原始凭证

四、思考题

1. 简述日记账、分类账的特点、种类及格式。
2. 登记明细账有哪些基本要求？

任务三　登记总分类账

一、判断题

1. 为满足企业经营管理需要，企业可设置两套总账，即内账与外账。（　　）
2. 总账的登记方法包括逐笔登记和汇总登记。（　　）
3. 平行登记的结果是：总分类账户与所属明细分类账户之间存在平衡关系。（　　）

二、单项选择题

1. 下列凭证中，不可能成为总账登记依据的是（　　　）。
A. 原始凭证　　　　B. 记账凭证　　　　C. 科目汇总表　　　　D. 汇总记账凭证

2. "应收账款"总分类账户的期末余额为 500 万元，其所属的明细分类账户的期末余额合计应（　　　）。
A. 等于 500 万元　　　　B. 大于 500 万元　　　　C. 小于 500 万元　　　　D. 不确定

3. 大华公司的"原材料"总分类账户的本期增加额是 150 万元，其所属的明细分类账户有两个，一个明细分类账户的本期增加额是 100 万元，那么另一个明细分类账户的本期增加额应为（　　　）万元。
A. 150　　　　B. 100　　　　C. 50　　　　D. 不能确定

三、多项选择题

1. 下列账簿中，应采用订本式账簿的有（　　　）。
A. 总分类账　　　　　　　　　B. 往来款项明细账
C. 库存现金日记账与银行存款日记账　　　　D. 固定资产明细账

2. 下列账簿中，通常采用三栏式账页的有（　　　）。
A. 总分类账　　　　　　　　　B. 库存现金日记账与银行存款日记账
C. 成本费用明细账　　　　　　　D. 往来款项明细账

3. 总分类账户与明细分类账户的平行登记，其要点包括（　　　）。
A. 同时期　　　　B. 同方向　　　　C. 等金额　　　　D. 同人员

4. 总分类账户与所属明细分类账户间的平衡关系，具体表现为（　　　）。
A. 期初余额平衡　　　　B. 期末余额平衡　　　　C. 增加额平衡　　　　D. 减少额平衡

四、思考题

1. 企业应如何设置总账？
2. 汇总登记总账是如何操作的？
3. 什么是平行登记？平行登记有哪些要点？

实　　训

实训一　登记日记账

一、实训目标

通过训练，能够规范登记库存现金日记账、银行存款日记账。

二、实训资料

江南公司今年8月1日，库存现金日记账的期初余额为295元，银行存款日记账的期初余额为98 700元。该公司8月份发生以下经济业务：

(1) 2日，以银行存款归还前欠凯乐公司货款70 200元。

(2) 3日，出售甲产品2 000件，价款200 000元，增值税税款26 000元。货款已收存银行。

(3) 5日，以银行存款缴纳企业所得税18 000元。

(4) 6日，从银行提取现金2 000元备用。

(5) 7日，职工方平出差，预借差旅费500元。

(6) 8日，以银行存款归还前欠明星公司货款114 660元。

(7) 9日，收到大明公司前欠货款34 290元，存入银行。

(8) 10日，以银行存款35 000元支付本月职工工资。

(9) 12日，收到天源公司还来前欠货款23 400元，存入银行。

(10) 14日，以银行存款支付外购A材料的价款94 000元，增值税税款12 220元。

(11) 15日，以现金支付业务招待费450元。

(12) 20日，向银行借入短期借款110 000元，存入银行。

(13) 21日，购置办公用品500元，以现金支付。

(14) 25日，从银行提取现金2 000元备用。

(15) 25日，以现金1 500元支付包装物押金。

三、实训要求

(1) 开设库存现金日记账和银行存款日记账。

(2) 根据实训资料编制记账凭证。

(3) 根据实训资料和记账凭证登记库存现金日记账和银行存款日记账。

(4) 本次实训所需材料：记账凭证15张，库存现金日记账账页1张、银行存款日记账账页1张。

四、实训指导

日记账的登记

实训二　平行登记总分类账户与明细分类账户

一、实训目标

通过训练,能够掌握平行登记方法,规范登记总账和明细分类账。

二、实训资料

大华公司今年1月1日结存材料5 000元,其中:A材料结存100千克,每千克20元,合计2 000元;B材料结存200千克,每千克15元,合计3 000元。该公司1月份发生的相关经济业务如下:

(1) 5日,购进A材料300千克,单价20元/千克,合计价款6 000元;购进B材料400千克,单价15元/千克,合计支付价款6 000元。

(2) 10日,生产领用A材料200千克,单价20元/千克,合计4 000元;领用B材料300千克,单价15元/千克,合计4 500元。

(3) 15日,车间管理领用B材料100千克,单价15元/千克,合计1 500元。

(4) 20日,生产产品领用A材料150千克,单价20元/千克,合计3 000元。

(5) 25日,购进A材料200千克,单价20元/千克,合计4 000元;B材料100千克,单价15元/千克,合计支付1 500元。

三、实训要求

(1) 开设"原材料"总分类账户和相应的明细分类账户。

(2) 根据实训资料编制记账凭证。

(3) 根据实训资料和记账凭证登记"原材料"总分类账户和相应的明细分类账户。

(4) 分别结出"原材料"总分类账户和明细分类账户的本月发生额及期末余额,并分析总分类账户与明细分类账户间的平衡关系。

(5) 本次实训所需材料:记账凭证5张,总账账页1张、数量金额式账页2张。

实训三　登　记　账　簿

一、实训目标

通过训练,能够规范登记总账、日记账和明细账。

二、实训资料

(1) 项目二实训的相关资料。

（2）项目四实训二和实训三的相关资料。

三、实训要求

（1）根据实训资料登记库存现金日记账和银行存款日记账。

（2）根据实训资料登记相关明细账。

（3）根据实训资料登记相关总账。

（4）本次实训所需材料：继续使用项目二实训的账簿材料。

四、实训指导

明细账、总
账的登记

5

项目六 对账与结账

任务一 对 账

一、对账的内容

对账是指在结账前,将账簿记录与会计凭证核对,各种账簿之间的数字核对、账簿记录与实物及货币资金的实存数核对。对账的目的是保证账证、账账、账实相符,从而保证会计报表数据真实可靠。

(一)账证核对

(1)核对凭证的编号。

(2)检查记账凭证与原始凭证是否完全相符。

(3)查对账证金额与方向的一致性。

(二)账账核对

(1)库存现金日记账、银行存款日记账的本期期末余额与库存现金、银行存款总分类账的相应数字核对相符。

(2)总分类账的全部账户的本期借方、贷方发生额合计数相等,这种核对可通过编制总分类账户试算平衡表进行。

(3)总分类账各账户的本期发生额和期末余额与所属明细分类账户相应数字核对相符,这种核对可通过编制明细分类账户试算平衡进行。

(4)会计部门有关财产物资明细账的期末余额应与财产物资保管或使用部门的明细分类账的期末结存数核对相符。

(三)账实核对

(1)库存现金日记账的余额应与实际库存现金核对相符。

(2)银行存款日记账的收、付记录及余额应与银行的对账单记录及余额核对。

(3)各种应收、应付款账户的余额,应与有关债权、债务人核对。

(4)各种税金、应交款账户的余额,应与监交机关核对相符。

(5)财产物资明细账的结存数,应与清查盘点的实存数核对相符。

6

二、更正错账

(一)划线更正法

划线更正法是指画红线注销原有错误会计记录的一种方法。划线更正法适用于在结账之前、记账之后发现记账凭证正确而账簿错误的情况。

划线更正法的更正步骤为：首先，在账簿中错误的文字或数字上画一条单红线予以注销，但必须保持原有的字迹能够辨认，以备查考；然后，在其上方空白处用蓝字写上正确的文字或数字，并由记账人员和会计机构负责人(或会计主管人员)在更正处加盖印签，以明确责任。更正错误的个别数字时，不能只将错误的个别数字用红线注销，而要将整个数字予以注销和更正；对于文字错误，可只划去错误的部分。

(二)红字更正法

红字更正法是指用红字冲销或冲减原记科目和金额，以更正和调整原有会计记录的一种方法，主要适用于两种情况。

第一种情况为结账前、记账后发现记账凭证中应借、应贷的会计科目或同时金额也有错误。其更正步骤为：首先，用红字金额填写一张与错误记账凭证会计科目、应借应贷方向完全相同的记账凭证，在"摘要"栏填写"冲销(更正)×月×日×号错误凭证"，此处红字起到冲销原来蓝字错误记录的作用；其次，用蓝字金额编制一张正确的记账凭证，在"摘要"栏填写"补记×月×日账"；最后，根据两张凭证登账。

第二种情况为结账前、记账后发现记账凭证及账簿记录上金额大于应记的金额，而其他均无误。其更正方法为：按多记金额用红字填制一张与原会计科目、方向相同的记账凭证，据以入账，冲减多记金额，在"摘要"栏填写"冲销×月×日×号凭证多记金额"。

(三)补充登记法

补充登记法是用来增记差额，以更正原有会计记录错误的一种方法，主要适用于结账前、记账后发现记账凭证及账簿记录上的所记金额小于应记金额，而会计科目及借贷方向均无误的情况。其更正方法为：按少记金额用蓝字填制一张与原会计科目、方向相同的记账凭证，据以入账，以补记少记金额，在"摘要"栏填写"补充×月×日×号凭证少记金额"。

任务二　财　产　清　查

一、财产清查概述

(一)财产清查的概念

财产清查也叫财产检查，是指通过对实物、现金的实地盘点和对银行存款、往来款项的核对，来查明各项财产物资、货币资金、往来款项的实有数和账面数是否相符的一种会计核算的专门方法。

(二)财产清查的意义

(1)确保会计核算资料的真实可靠。

(2)保护财产的安全和完整。

(3)促进财产物资的有效使用。

（4）保证财经法纪的贯彻执行。

（三）财产清查的种类

1. 按清查的范围分为全面清查和局部清查

一般只是在下述几种情况下，才需要进行全面清查：

（1）年终决算前。

（2）单位撤销、合并或改变隶属关系时。

（3）按规定进行清产核资或资产评估时。

局部清查应根据管理的需要来确定清查的对象和清查的时间。一般情况下：

（1）对于现金，应由出纳人员每日清查核对。

（2）对于银行存款和银行借款，每月要与银行核对。

（3）对于流动性较大的存货，如材料、库存商品等，年内应轮流盘点或重点抽查；对于各种贵重物资，每月至少应清查盘点一次。

（4）对于各种债权、债务，每年至少应与对方核对一至两次。

2. 按清查的时间分为定期清查和不定期清查

定期清查，就是按照预先计划安排的时间，对财产物资所进行的清查。这种清查，一般是在年末、季末、月末结账前进行。

不定期清查，是指事先没有计划安排，而是根据临时需要进行的清查。不定期清查主要在以下几种情况下进行：

（1）更换财产物资和现金的保管人员时。

（2）财产物资发生非常灾害或意外损失时。

（3）有关部门对本单位进行会计检查时。

（4）进行临时清产核资时。

（四）财产物资的盘存制度

1. 永续盘存制

永续盘存制又称账面盘存制，它是指在日常经济活动中，必须根据会计凭证对各项财产物资的增加和减少在有关账簿中逐日、逐笔地进行登记、反映，并随时结算出账面结存数额的一种盘存制度。

2. 实地盘存制

实地盘存制是指平时只在账簿中登记各项财产物资的增加数，不登记减少数，期末，将通过实地盘点确定的实存数作为账面结存数，然后再倒推算出本期减少数的一种盘存制度。在实地盘存制下，本期减少数的计算公式为：期初结存数＋本期增加数－期末结存数＝本期减少数，也称"以存计耗"或"以存计销"。

二、财产清查的方法

（一）财产清查前的准备工作

1. 组织准备

在企业负责人的领导下，组织一个有领导干部、专业人员、职工群众参加的专门小组，负责财产清查工作。在清查前，应根据有关要求，研究制订财产清查的详细计划，包括确定财产清查的对象、范围、进度、方法、人员、具体要求等。

2. 业务准备

（1）财产清查之前，会计人员将发生的经济业务在账簿中全部登记完毕，结出余额。

（2）财产物资使用和保管部门的人员应对截至清查日期止的所有经济业务，办理好凭证手续且登记入相应的账、卡中，并结出余额。将使用、保管的各类财产物资整理清楚，挂上标签，以便盘点核对。

（3）对银行存款、银行借款、往来款项，在清查之前，应及时与对方联系，取得有关的对账单，以便查对。

（4）要准备好各种必要的度量衡器具，并仔细进行检查、校正，以保证计量准确。

（5）要准备好有关清查用的登记表册。

（二）现金的清查

专门清查小组对现金的清查步骤如下：

首先，在盘点前，出纳人员应先将现金收、付凭证全部登记入账，并结出余额。

其次，在盘点时，出纳人员必须在场。现金应逐张清点，如发现盘盈、盘亏，必须会同出纳人员核实清楚。盘点时，除查明账实是否相符外，还要查明有无违反现金管理制度的行为，如有无"白条"抵库、现金库存超限额、坐支现金等。

最后，在盘点结束时，应根据盘点结果，及时填制"现金盘点报告表"，并由盘点人员和出纳人员共同签章。"现金盘点报告表"具有双重性质，它既是盘存单，又是账存实存对比表，它是反映现金实有数和调整账簿记录的重要依据。

（三）银行存款的清查

银行存款的清查与现金的清查方法不同，它是采用与银行核对账目的方法进行的。即将从银行取得的对账单与单位的银行存款日记账逐笔进行核对，以查明账实是否相符。

清查之前，企业应将本单位所发生的经济业务登记入银行存款日记账，再对账面记录进行检查复核，确定账簿记录是完整、准确的。然后，将银行转来的对账单（即银行账簿记录的复写账页）与银行存款日记账账面记录进行逐笔核对。

通过核对，往往会发现银企双方账目不一致。这除了企业与银行之间的一方或双方同时记账有错误外，另一个重要原因就是双方之间往往会出现未达账项。所谓未达账项，是指由于双方记账时间不一致而发生的一方已经入账，而另一方尚未入账的款项。

企业与银行之间的未达账项，一般有以下四种情况：

（1）企业收到或已送存银行的款项，企业已入账，作为银行存款的增加，但银行尚未入账。

（2）企业开出各种付款凭证，已记入银行存款日记账，作为企业存款的减少，但银行尚未入账。

（3）银行代企业收进的款项，银行已入账，作为企业银行存款的增加，但企业尚未收到有关凭证，未能登记入账。

（4）银行代企业支付的款项，银行已入账，作为企业银行存款的减少，但企业尚未收到有关凭证，未能登记入账。

为了查明企业银行存款日记账的余额是否正确，同时也为了消除未达账项的影响，通常要编制银行存款余额调节表。

（四）往来款项的清查

往来款项主要包括各种应收、应付、预收、预付款项。往来款项的清查，一般采用与对方单位和个人通过对账单核对账簿记录的方法进行。

清查之前,首先应将本单位往来账目核对清楚,确认无误后,再向对方填发对账单。对账单应按明细账逐笔抄列,一式两联,其中一联作为回单。对方单位如核对相符,应在回单上盖章退回;如发现数字不符,应将不符情况在回单上注明或另抄对账单退回,作为进一步核对的依据。本单位在收到对方回单后,应填制"往来款项清查表"。

(五) 实物的清查

实物的清查主要是指对存货、固定资产等财产物资的清查。由于各种实物的形态、体积、重量、堆放方式等不尽相同,因而所采用的清查方法也不尽相同。常见的有实地盘点法和技术推算法两种方法。

为了明确经济责任,在进行清查时,实物保管人员必须在场。但保管人员不宜担任清查任务,这有利于清查工作的客观、公正。清查后,应及时将清查结果如实记录在"盘存单"上。"盘存单"是记录实物资产盘点结果的书面证明,也是反映实物资产实有数额的原始凭证。

为了进一步核实清查结果与有关账簿记录的账面结存数是否相符,企业单位在"盘存单"填制审核完毕后,应根据"盘存单"和有关账簿记录编制"账存实存对比表"。"账存实存对比表"既是用于调整有关账簿记录的原始凭证,也是确定有关人员经济责任的依据。

三、财产清查结果的处理

(一)财产清查结果的处理要求

(1)查明账实差异,分析盈亏原因。

(2)处理积压物资,清理债权债务。

(3)总结经验教训,加强财产管理。

(4)及时调整账目,做到账实相符。

(二)财产清查结果的账务处理

对于财产清查结果的账务处理,应当分两个步骤。首先,根据查明的财产物资的盘盈、盘亏和毁损的数字,编制记账凭证,并据以登记有关账簿,使账实相符。然后,根据差异产生的原因和有关部门批复的意见,编制记账凭证,并登记入账。

为了反映和监督企业在财产清查中查明的各种财产物资的盘盈、盘亏和毁损及其处理情况,应设置"待处理财产损溢"账户。

企业清查的各种财产的损溢,应于期末前查明原因,并根据企业的管理权限,经股东大会或董事会,或经理(厂长)会议,或类似机构批准后,在期末结账前处理完毕。如清查的各种财产的损溢,在期末结账前尚未经批准处理的,在对外提供财务会计报告时应先按有关规定进行处理,并在会计报表附注中做出说明。如果其后批准处理的金额与已处理的金额不一致的,应调整会计报表相关项目的年初数。

任务三 结 账

结账是指在一定时期(月、季、年)内将所发生的经济业务全部登记入账的基础上,结算各种账簿的本期发生额和期末余额,为编制会计报表提供资料。

一、结账的程序

（一）全部经济业务登记入账

结账前，检查本报告期内所发生的经济业务是否全部登记入账，对漏记未记的账项应及时补记，对错账进行更正。

（二）账项调整

根据权责发生制原则的要求，对本期内应转账的业务包括应收、应付款项，收入、费用、成本的结转，资产计提减值准备、财产清查等进行调整入账，正确计算本期应计收入和应计费用。

（三）结平损益类账户

将损益类账户记录的各项收入和费用、利得和损失，分别转入"本年利润"账户，结平所有损益类账户，并据以计算本期的利润或亏损，反映经营成果以及利润的分配。

（四）办理结账手续

结算出所有账户的本期发生额和期末余额，并按照规定在账簿中做出结账的标记。

二、结账的方法

结账时，应当结出每个账户的期末余额。需要结出当月发生额的，应在摘要栏内注明"本月合计"字样，并在下面通栏画单红线。需要结出本年累计发生额的，应当在摘要栏内注明"本年累计"字样，并在下面通栏画单红线；"本月合计"行已有余额的，"本年累计"行就不必再写余额了。12月末的"本年累计"就是全年累计发生额，全年累计发生额下面应当通栏画双红线。年度终了结账时，所有总账账户都应结出全年发生额和年末余额。

根据《会计基础工作规范》的规定，月结画单线，年结画双线。画线时，应画红线。

年度终了，要把各账户的余额结转到下一会计年度，并在摘要栏注明"结转下年"字样；在下一会计年度新建有关会计账簿的第一行的余额栏内填写上年结转的余额，并在摘要栏注明"上年结转"字样。

三、会计账簿的更换与保管

（一）会计账簿的更换

年度结账后，必须按规定更换新账。总账、日记账和大部分明细账每年都应更换一次新账。部分财产物资明细账和债权债务明细账，如固定资产明细账、应收账款明细账等，可以跨年度继续使用。各种备查账簿也可以跨年度连续使用，不必每年更换新账。

更换新账时，应将各账户的年末余额过入下一年度新账簿。在新账簿有关账户新账页的第一行"余额"栏内，填列该账户上年的余额，并在摘要栏注明"上年结转"字样。

（二）账簿的保管

会计人员必须在年度结束后，将各种活页账簿连同"账簿启用登记和经管人员一览表"装订成册，加上封面，统一编号，与各种订本式账簿一起归档保管。年度终了，各种账簿在结转下年、建立新账后，一般都要把旧账送交总账会计集中统一管理。会计账簿暂时由本单位财务会计部门保管1年，期满之后，由财务会计部门编造清册移交本单位的档案部门保管。

习　题

任务一　对　账

一、判断题

1. 对账的目的在于保证会计报表数据真实可靠。　　　　　　　　　　　　　（　　）
2. 对账通常只在期末需要时才进行，平常无须进行该项工作。　　　　　　（　　）
3. 对账是会计人员的工作，不需要其他部门或人员的参与。　　　　　　　（　　）
4. 记账以后，如果发现记账凭证中账户用错，而且所填金额小于应记金额，可以采用补充登记法进行更正。　　　　　　　　　　　　　　　　　　　　　　　　（　　）
5. 在结账前，若发现账簿记录有错而记账凭证无错，即过账笔误或账簿数字计算有错误，可用划线更正法进行更正。　　　　　　　　　　　　　　　　　　　　　　（　　）

二、单项选择题

1. 下列项目中，不属于对账内容的是（　　　　）。
   A. 账证核对　　　　　　　　　　　　　B. 账账核对
   C. 证证核对　　　　　　　　　　　　　D. 账实核对
2. 发现记账凭证所用科目正确，但所填金额大于应记金额，并已过账，应采用（　　　　）更正错误。
   A. 红字更正法　　　　　　　　　　　　B. 补充登记法
   C. 划线更正法　　　　　　　　　　　　D. 平行登记法
3. 下列错误中能够用划线更正法更正的是（　　　　）。
   A. 记账后发现的会计科目使用错误　　　B. 记账后发现的金额多记
   C. 记账后发现的借贷方向使用错误　　　D. 记账时发生的笔误

三、多项选择题

1. 下列业务中，属于对账范围的有（　　　　　　）。
   A. 库存现金日记账余额与库存现金的核对
   B. 账簿记录与有关会计凭证的核对
   C. 总分类账户余额与有关明细账户余额合计数核对
   D. 应收、应付款明细账户余额与有关单位及个人核对
2. 账账核对的主要内容包括（　　　　　　）。
   A. 总账与所属明细账核对　　　　　　　B. 总账和业务账核对
   C. 总账和日记账核对　　　　　　　　　D. 明细账和业务账、保管账核对
3. 下列对账中属于账实核对的有（　　　　　　）。
   A. 核对凭证的编号是否连续　　　　　　B. 应收账款明细账与相关债务人核对
   C. 原材料明细账与仓库保管账核对　　　D. 银行存款日记账与银行对账单核对

6

四、思考题

1. 什么是对账？对账包括哪些基本内容？

2. 错账更正方法有哪些？各方法在什么情况下采用？

任务二　财产清查

一、判断题

1. 实地盘存制就是通过采用逐一点数、过磅或技术推算等方法对各项实物进行清查的制度。　　　　　　　　　　　　　　　　　　　　　　　　　　　（　　）

2. 无论采用永续盘存制，还是实地盘存制，都要对财产物资进行清查，都可以采用实地盘点的方法。　　　　　　　　　　　　　　　　　　　　　　　　（　　）

3. 采用实地盘存制，对存货实地盘点的结果应当编制实存账存对比表。　　（　　）

4. 采用永续盘存制的企业，对财产物资一般不需要进行实地盘点。　　　（　　）

5. 在实地盘存制下，期末存货实地盘点的数额成为有关账簿中登记存货减少额的唯一依据。　　　　　　　　　　　　　　　　　　　　　　　　　　　　（　　）

6. 如果银行对账单与企业银行存款账面余额不相等，说明其中一方记账有误。（　　）

7. 未达账项是由企事业单位的会计人员记账不及时所造成的。　　　　　（　　）

8. 对于未达账项，应编制银行存款余额调节表，以检查企业与银行双方账面余额是否一致，并及时调整有关账簿的记录。　　　　　　　　　　　　　　　　　（　　）

9. 全面清查是定期进行的，局部清查是不定期进行的。　　　　　　　　（　　）

10. 某企业仓库被盗，为查明损失决定立即进行盘点，按照财产清查的范围应属于局部清查，按照清查的时间应属于不定期清查。　　　　　　　　　　　　　（　　）

二、单项选择题

1. 在永续盘存制下，平时在账簿中对各项财产物资的登记方法是（　　）。

A. 只登记增加数，不登记减少数　　　　B. 只登记减少数，不登记增加数

C. 既登记增加数，也登记减少数　　　　D. 既不登记增加数，也不登记减少数

2. 对贵重物资和库存现金进行清查的方法是（　　）。

A. 询证核对法　　　　　　　　　　　　B. 以存计耗法

C. 实地盘点法　　　　　　　　　　　　D. 永续盘存制

3. 为了及时掌握各项财产物资的增减变动和结存情况，一般应采用（　　）。

A. 权责发生制　　　　　　　　　　　　B. 实地盘存制

C. 收付实现制　　　　　　　　　　　　D. 永续盘存制

4. 库存现金的清查，应采用（　　）。

A. 实地盘点法　　　　B. 技术推算法　　　　C. 询证法　　　　D. 核对法

5. 银行存款余额调节表是（　　）。

A. 查明银行和本单位未达账项情况的表格

B. 通知银行更正错误的依据

C. 调整银行存款账簿记录的原始凭证

D. 更正本单位银行存款日记账记录的依据

6."待处理财产损溢"账户的借方可以登记（　　）。

A. 经批准转销的财产盘盈和盘亏、毁损

B. 待批准处理的财产盘盈和盘亏、毁损

C. 待批准处理的财产盘亏、毁损和经批准转销的财产盘盈

D. 待批准处理的财产盘盈和经批准转销的财产盘亏、毁损

三、多项选择题

1. 企业年终决算前进行的清查，应属于（　　）。

A. 全面清查　　　　　　　　　B. 局部清查

C. 定期清查　　　　　　　　　D. 不定期清查

2. 实地盘点法可以用于（　　）的清查。

A. 实物资产　　　B. 库存现金　　　C. 银行存款　　　D. 往来款项

3. 下列单据中，应由会计人员编制的，并可直接作为调整账簿记录的原始凭证有（　　）。

A. 银行存款余额调节表　　　　B. 材料盘存单

C. 实存账存对比表　　　　　　D. 应收账款余额调节表

4. 永续盘存制与实地盘存制的主要区别包括（　　）。

A. 财产物资在账簿中的记录方法不同

B. 实地盘存制下不需要登记账簿

C. 永续盘存制不需要进行财产清查

D. 财产清查的目的不同

5. 各种应收、应付款项的清查，包括下列（　　）的查核。

A. 本企业与外部其他企业单位的应收、应付结算款项

B. 本企业内部各部门之间的应收、应付款项

C. 对本企业职工的各种代垫、代付款项

D. 尚未报销的职工预借款项

6. 发生下列情况，应当进行不定期清查的有（　　）。

A. 财产保管人变动　　　　　　B. 年终结账

C. 发现财产被盗　　　　　　　D. 与其他企业合并

7. 对银行存款的清查应根据（　　）进行。

A. 银行存款实有数　　　　　　B. 银行存款总账

C. 银行存款日记账　　　　　　D. 银行对账单

四、业务题

业　务　题　一

（一）目的

练习财产清查结果的账务处理。

（二）资料

长江公司于今年12月20日对财产物资进行了全面清查，清查结果如下。

（1）盘亏机床一台，账面余额 10 800 元，已提折旧 4 600 元。

（2）根据材料清查结果编制材料账存实存对比表（表 6-1）。

表 6-1

材料账存实存对比表

12 月 20 日

材料名称	计量单位	单价/元	实存		账存		盘盈		盘亏		备注
			数量	金额	数量	金额	数量	金额	数量	金额	
A	吨	400	3	1 200	2	800	1	400			计量差错
B	千克	6	2 450	14 700	2 500	15 000			50	300	正常损耗
合计								400		300	

（3）12 月 31 日，上述各项盘盈、盘亏财产均按规定程序报经审批后转销。

（三）要求

根据上述资料编制相应的会计分录。

业 务 题 二

（一）目的

练习银行存款余额调节表的编制。

（二）资料

大华公司今年 9 月 30 日银行存款日记账余额为 107 800 元，而银行对账单上的存款余额为 108 300 元，经核对，发现下列未达账项。

（1）银行已于 9 月 29 日代该公司支付电费 1 800 元，尚未通知该公司。

（2）该公司在 9 月 30 日收到外单位为偿还欠款交来转账支票一张，票面金额为 4 200 元，已送存银行，但银行尚未入账。

（3）该公司于 9 月 30 日签发转账支票一张购买材料，金额为 4 000 元，持票人未到银行办理转账结算。

（4）该公司本季度存款利息 2 500 元，银行结算后已入账，但该公司尚未收到存款结息通知。

（三）要求

根据上述资料，编制银行存款余额调节表（表 6-2）。

表 6-2

银行存款余额调节表

年 月 日

单位：元

项 目	金 额	项 目	金 额
企业银行存款日记账余额		银行对账单余额	
加：		加：	
减：		减：	
调节后的存款余额		调节后的存款余额	

业 务 题 三

（一）目的

练习银行存款的清查。

（二）资料

东方公司今年5月份最后三天银行存款日记账（表6-3）与银行对账单（表6-4）的记录如下（假定以前的记录是相符的）。

表6-3   银行存款日记账的记录

日 期	摘 要	金 额
5月29日	开出转账支票♯2416支付业务招待费	1 020元
5月29日	收到委托银行代收的东南公司货款	10 000元
5月30日	开出转账支票♯2417支付广告费	980元
5月31日	存入因销售产品而收到的转账支票一张	6 417元
5月31日	开出转账支票支付钢材货款	1 400元
5月31日	月末余额	83 818元

表6-4   银行对账单的记录

日 期	摘 要	金 额
5月29日	代收东南公司货款	10 000元
5月30日	代付电费	2 700元
5月31日	代收平安公司货款	3 500元
5月31日	支付转账支票♯2416	1 200元
5月31日	支付转账支票♯2417	890元
5月31日	月末余额	79 511元

经核对查明，东方公司账面记录有两笔错误：

（1）5月29日，开出转账支票♯2416支付业务招待费应为1 200元，该公司记录为1 020元。

（2）5月30日，开出转账支票♯2417支付广告费应为890元，误记为980元。

（三）要求

（1）编制更正会计分录，更正以上两笔错账后，计算银行存款日记账的更正后余额。

（2）查明未达账项后编制银行存款余额调节表（表6-5）。

表 6 - 5　　　　　　　　　　银行存款余额调节表

年　　月　　日　　　　　　　　　　　　　　单位：元

项　　目	金　额	项　　目	金　额
企业银行存款日记账余额		银行对账单余额	
加：		加：	
减：		减：	
调节后的存款余额		调节后的存款余额	

五、思考题

1. 全面清查一般在哪些情况下才需要进行？

2. 什么是永续盘存制？在永续盘存制下是否需要财产清查？为什么？

3. 永续盘存制与实地盘存制下对存货清查结果的处理有何不同？

4. 与实地盘存制相比，永续盘存制具有哪些优点？

5. 未达账项有哪几种类型？在企业与银行对账过程中，既发现过账错误，又存在未达账项时，应采用何种处理程序与方法？

任务三　结　　账

一、判断题

1. 结账通常在期末进行，是结算各种账簿的本期发生额和期末余额的过程。　　（　　　）

2. 结账时，所有账户都应结算出本期发生额和期末余额。　　（　　　）

3. 结账必须建立在所有经济业务都登记入账的基础上。　　（　　　）

4. 只有一笔记录的账户，在结账时也应结出"本期合计"，并画线。　　（　　　）

5. 将账户余额结转下年时，应在摘要栏写明"结转下年"，然后再画双红线。　　（　　　）

二、单项选择题

1. 总账发生额的结算周期一般是（　　　）。

A. 按月结算，并画线　　　　　　　　　　B. 按季结算，并画线

C. 按半年结算，并画线　　　　　　　　　D. 按年结算，并画线

2. 按月结账的画线方法是（　　　）。

A. 画通栏单红线　　　　　　　　　　　　B. 画通栏双红线

C. 不画红线　　　　　　　　　　　　　　D. 仅就金额栏画单红线

3. 会计账簿暂时由本单位财务会计部门保管（　　　），期满之后，由财务会计部门编造清册移交本单位的档案部门保管。

A. 6 个月　　　　　　B. 1 年　　　　　　C. 2 年　　　　　　D. 3 年

三、多项选择题

1. 结账手续主要包括（　　　）。

A. 将所有经济业务登记入账　　　　B. 计算本期发生额

C. 结出各账户余额　　　　　　　　D. 按结账要求画红线

2. 结账前应完成的工作包括(　　　　　)。

A. 将所有经济业务登记入账　　　　B. 按权责发生制进行账项调整

C. 结转损益　　　　　　　　　　　D. 成本计算与结转

3. 下列账簿中,能够跨年度使用的有(　　　　　)。

A. 总账　　　　　　　　　　　　　B. 日记账

C. 应收账款明细账　　　　　　　　D. 固定资产明细账

四、思考题

1. 结账的基本方法是怎样的?

2. 结账通常按照怎样的程序进行?

3. 会计账簿应当如何更换? 被更换的账簿应当怎样保管?

实　　　训

实训一　更　正　错　账

一、实训目标

通过训练,能够正确查找错账,并能按照规范予以更正。

6

二、实训资料

中兴公司采用科目汇总表账务处理程序,按旬汇总登记总账。2024 年 9 月份发生下列业务:

(1) 4 日,开出现金支票支付业务招待费 1 200 元,编制记账凭证,如实训材料 6 - 1 - 1 所示。

实训材料 6 - 1 - 1

记 账 凭 证

2024 年 09 月 04 日　　　　　　　　　　　　　　　　记字第 12 号

摘　要	会 计 科 目		借　方　金　额										贷　方　金　额										记账符号
	总账科目	明细科目	千	百	十	万	千	百	十	元	角	分	千	百	十	万	千	百	十	元	角	分	
支付业务招待费	管理费用						1	2	0	0	0	0											
	银行存款																1	2	0	0	0	0	
合　　　计							¥	1	2	0	0	0	0					¥	1	2	0	0	0	0

会计主管:　　　记账: 李财　　　出纳:　　　　　审核: 李财　　　　　制单: 王建

附件 2 张

（2）6日，支付车间设备修理费900元，编制记账凭证，如实训材料6-1-2所示。

实训材料6-1-2

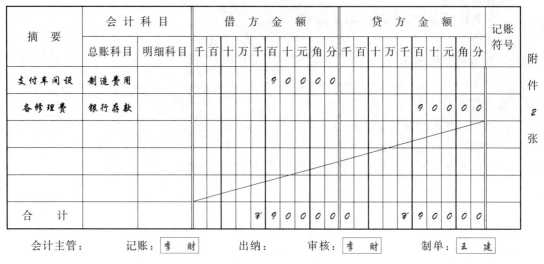

记 账 凭 证

2024年 09月 06日　　　　　　记字第16号

摘要	会计科目		借 方 金 额									贷 方 金 额									记账符号
	总账科目	明细科目	千	百	十	万	千	百	十	元	角	分	千	百	十	万	千	百	十	元	角	分	
支付车间设	制造费用							9	0	0	0	0											
备修理费	银行存款																	9	0	0	0	0	
合 计							￥	9	0	0	0	0						￥	9	0	0	0	0

会计主管：　　记账：李 财　　出纳：　　审核：李 财　　制单：王 建

附件 2 张

（3）7日，收回思达公司前欠货款3 200元，编制记账凭证，如实训材料6-1-3所示。

6

实训材料6-1-3

记 账 凭 证

2024年 09月 07日　　　　　　记字第21号

摘要	会计科目		借 方 金 额									贷 方 金 额									记账符号
	总账科目	明细科目	千	百	十	万	千	百	十	元	角	分	千	百	十	万	千	百	十	元	角	分	
收回应收货	银行存款							2	3	0	0	0	0										
款	应收账款	思达公司																2	3	0	0	0	0
合 计							￥	2	3	0	0	0	0					￥	2	3	0	0	0

会计主管：　　记账：李 财　　出纳：　　审核：李 财　　制单：王 建

附件 1 张

（4）相关账簿记录如实训材料6-1-4至实训材料6-1-7所示。

实训材料 6-1-4　　　　　　　　　银行存款日记账

2024年 月	日	凭证号数	摘　要	对方科目	收　入	支　出	结　余
9	04		承前页		23 260.00	17 310.00	452 730.00
	04	记12	支付业务招待费	管理费用		1 000.00	451 730.00
	06	记16	支付车间设备修理费	制造费用		900.00	450 830.00
	07	记21	收回应收货款	应收账款	2 300.00		453 130.00

实训材料 6-1-5　　　　　　　　　管理费用明细账

2024年 月	日	凭证号数	摘　要	职工薪酬	折旧费	办公费	差旅费	业务招待费	其　他
9	03	记10	支付办公用品费			528.00			
	04	记11	王海报销差旅费				450.00		
	04	记12	支付业务招待费					1 000.00	

实训材料 6-1-6　　　　　　　　　制造费用明细账

2024年 月	日	凭证号数	摘　要	物料消耗	职工薪酬	折旧费	办公费	水电费	其　他
9	01	记02	耗用领料	1 200.00					
	06	记16	支付修理费						900.00

实训材料 6-1-7　　　　　　　　　应收账款明细账

明细科目：思达公司

2024年 月	日	凭证号数	摘　要	借　方	贷　方	借或贷	余　额
9	03		承前页			借	7 800.00
	07	记21	收回应收货款		2 300.00	借	5 500.00

6

三、实训要求

（1）根据任务资料，查找错误并更正。

（2）本次实训所需材料：记账凭证 3 张。

四、实训指导

错账的更正

实训二　结　　账

一、实训目标

通过训练，能够规范办理结账手续。

二、实训资料

（一）相关项目实训资料

（1）项目二实训的相关资料。

（2）项目四实训二和实训三的相关资料。

（3）项目五实训三的相关资料。

（二）中兴公司 2024 年 1 月 31 日相关经济业务事项内容

（1）31 日，企业清理确认因人为事故造成的火灾损失 AKD 材料 100 千克，AKD 材料购入时的增值税税率为 13%，财产损失已清理处置完毕。（提示：填制账存实存对比表）

（2）31 日，分配本月应付职工薪酬 91 733 元，其中：生产工人工资 60 900 元（按照产品生产工时进行分配，本月 ST 产品生产工时为 2 140 小时，TM 产品生产工时为 1 070 小时），车间管理人员工资 11 920 元，企业管理人员工资 18 913 元。（提示：填制工资费用分配表）

（3）31 日，计提本月固定资产折旧。（提示：填制折旧提取计算表）

（4）31 日，按照产品生产工时进行分配并结转本月制造费用。（提示：填制费用分配表）

（5）31 日，本月完工 ST 产品 200 件，结转其成本 97 080 元（其中：直接材料 44 840 元、直接人工 41 600 元、制造费用 10 640 元）。TM 产品月末全部未完工。（提示：填制完工产品成本计算表、产品入库单）

（6）31 日，结转已销产品成本。（提示：填制主营业务成本计算表）

（7）31 日，计提本月短期借款利息，年利率 5.4%。（提示：填制应付利息计算表）

（8）31 日，计算本月应交的城市维护建设税和教育费附加。（提示：填制应交税费计算表）

（9）31 日，结转本期损益。（提示：填制结转利润前收支损益账户余额表）

（三）相关原始凭证（实训材料 6-2-1-1—实训材料 6-2-9-1）

实训材料 6-2-1-1

账存实存对比表

年　月　日　　　　　　　　　　　　　　　　　　编号：

编号	规格	名称	计量单位	单价	账　存		实　存		盘　盈		盘　亏	
					数量	金额	数量	金额	数量	金额	数量	金额

会计主管：　　　　　　　　复核：　　　　　　　　制表：

实训材料 6-2-1-2

关于财产清查结果的处理意见

财务部：

根据你部上报的 AKD 材料清查结果情况，经理会议研究决定作损失处理。

总经理：杨云天

2024 年 1 月 31 日

实训材料 6-2-2-1

工资费用分配表

年　月　日　　　　　　　　　　　　　　　　单位：元

部门名称			分配对象	分配标准	分配率	分摊金额
生产车间	生产工人	ST 产品				
		TM 产品				
		合计	60 900			60 900
	管理人员		11 920			11 920
管理部门			18 913			18 913
合　　计			91 733			91 733

会计　　　　　　　　复核　　　　　　　　制表

实训材料 6-2-3-1

固定资产折旧提取计算表

金额单位：元

使用部门	固定资产类别	月初应计提折旧固定资产原值	月折旧率	月折旧额
生产车间	房屋及建筑物	800 000	0.2%	
	机器设备	224 000	0.5%	
管理部门	房屋及建筑物	840 000	0.2%	
	机器设备	72 000	0.5%	
出　　租	机器设备	120 000	0.5%	
合　　计		2 056 000		

6

实训材料 6-2-4-1　　　　　　　　**中兴公司费用分配表**　　　　　　　金额单位：元

分　配　对　象	分　配　标　准	分　配　率	分　摊　额
合　计			

　　会计　　　　　　　　　　　复核　　　　　　　　　　制表

---✄---✄---

实训材料 6-2-5-1　　　　　　　　**完工产品成本计算表**

年　月　　　　　　　　　　　　金额单位：元

成本项目	产品名称： 产　量：		产品名称： 产　量：		合　计
	总成本	单位成本	总成本	单位成本	
直接材料					
直接人工					
制造费用					
合　计					

---✄---✄---

实训材料 6-2-5-2　　　　　　　　**产品入库单**

年　月　日　　　　　　　　　　第＿＿＿＿号

编号	名称	规格	单位	数量		单价	金额	备注
				交库	实发			
合　　计								

　　记账　　　　　　　　　　　验收　　　　　　　　　　制单

二 记 账 联

实训材料 6－2－6－1　　　　　　　　**主营业务成本计算表**

年　月　　　　　　　　　　　　　金额单位：元

产品名称	单位	月初结存		本月入库		本月发出					
						其他发出		销　售			
		数量	总成本	数量	总成本	数量	总成本	数量	加权平均单位成本	总成本
合　计										

会计主管：　　　　　　　　复核：　　　　　　　　制表：

- - - ✂ - ✂ - - -

实训材料 6－2－7－1　　　　　　　　**中兴公司应付利息计算表**

2024 年 1 月 31 日　　　　　　　　金额单位：元

借　款　金　额	月　利　率	借　款　利　息
合　计		

6

- - - ✂ - ✂ - - -

实训材料 6－2－8－1　　　　　　　　**应交税费计算表**

年　月　日至　年　月　日　　　　　　金额单位：元

项　　　目	计税金额	适用税率	税　额	备　注
合　　计				

会计主管：　　　　　　　　复核：　　　　　　　　制表：

实训材料 6－2－9－1　　　　结转利润前收支损益账户余额

2024 年 1 月 31 日　　　　　　　　　　　　　　单位：元

收入类科目		支出类科目	
项　目	金　额	项　目	金　额
主营业务收入		主营业务成本	
其他业务收入		税金及附加	
投资收益		其他业务成本	
营业外收入		销售费用	
公允价值变动损益		管理费用	
		财务费用	
		资产减值损失	
		营业外支出	
合　计		合　计	

- - - ✂ - ✂ - - -

三、实训要求

（1）根据实训资料识别并填制相应的原始凭证。

（2）根据实训资料进行会计核算,并选择相应的记账凭证按规范编制。

（3）根据实训资料登记库存现金日记账和银行存款日记账。

（4）根据实训资料登记相关明细账。

（5）根据实训资料登记相关总账。

（6）办理月结手续。

（7）本次实训所需材料：转账凭证 11 张,继续使用项目二实训的账簿材料。

6

四、实训指导

结账

项目七　编制财务会计报告

学 习 指 导

任务一　编制资产负债表

一、财务会计报告概述

(一)财务会计报告的概念

财务会计报告,是企业对外提供的反映企业某一特定日期财务状况和某一会计期间经营成果、现金流量等会计信息的文件。

(二)财务会计报告的构成

企业的财务会计报告包括会计报表及其附注和其他应当在财务会计报告中披露的相关信息和资料。会计报表是对企业财务状况、经营成果和现金流量的结构性表述。一套完整的会计报表至少应当包括下列组成部分:资产负债表、利润表、现金流量表、所有者权益变动表以及附注。

财务会计报告按照编报时间的不同,可以分为中期财务会计报告和年度财务会计报告。中期财务会计报告至少应当包括资产负债表、利润表、现金流量表。

(三)财务会计报告的对外提供

《企业会计制度》规定,月度中期财务会计报告应当于月度终了后 6 天内(节假日顺延,下同)对外提供;季度中期财务会计报告应当于季度终了后 15 天内对外提供;半年度中期财务会计报告应当于年度中期结束后 60 天内(相当于 2 个连续的月份)对外提供;年度财务会计报告应当于年度终了后 4 个月内对外提供。

企业对外提供的财务会计报告应当依次编定页数,加具封面,装订成册,加盖公章。封面上应当注明:企业名称、企业统一代码、组织形式、地址、报表所属年度或者月份、报出日期,并由企业负责人和主管会计工作的负责人、会计机构负责人(会计主管人员)签名并盖章;设置总会计师的企业,还应当由总会计师签名并盖章。

二、资产负债表

(一)资产负债表的概念和意义

资产负债表是反映企业在某一特定日期财务状况的报表。由于它反映的是某一时点的情况,所以又称为静态会计报表。

(二) 资产负债表的格式

目前,国际上流行的资产负债表格式主要有账户式和报告式两种。我国企业的资产负债表采用账户式结构。

账户式资产负债表分为左、右两方。左方为资产项目,按资产的流动性大小排列：流动性大的资产排在前面,流动性小的资产排在后面;右方为负债及所有者权益项目,一般按求偿权先后顺序排列：流动负债排在前面,非流动负债排在中间,所有者权益项目排在最后。

(三) 资产负债表编制的基本方法

1. "年初余额"各项目的填列方法

资产负债表的"年初余额"栏内各项数字,应根据上年末资产负债表"期末余额"栏内所列数字填列。如果本年度资产负债表规定的各个项目的名称和内容同上年度不相一致,应对上年年末资产负债表各项目的名称和数字按照本年度的规定进行调整,填入本表"年初余额"栏内。

2. "期末余额"各项目的填列方法

资产负债表中"期末余额"栏主要有以下几种填列方法：

(1) 根据总账账户余额直接填列。如"短期借款""应付票据""应付职工薪酬"等项目,应分别根据"短期借款""应付票据""应付职工薪酬"总账账户的期末余额直接填列。

(2) 根据总账账户余额计算填列。如"货币资金"项目,应根据"库存现金""银行存款""其他货币资金"账户的期末余额合计填列。

(3) 根据明细账户余额计算填列。如"应收账款"项目、"预付款项"项目、"应付账款"项目、"预收款项"项目等,均应根据相关账户所属各明细账户的余额计算填列。

(4) 根据总账账户和明细账户的余额分析计算填列。如"长期借款"项目,应根据"长期借款"总账账户的期末余额,扣除"长期借款"账户所属明细账户中反映的、将于一年内到期的且企业不能自主地将清偿义务延期的长期借款部分,分析计算填列。"长期待摊费用"项目,应根据"长期待摊费用"账户的期末余额减去将于 1 年内(含 1 年)摊销的数额后的金额填列。

(5) 根据账户余额减去其备抵项目后的净额填列。如"应收票据""应收账款""长期股权投资""在建工程"等项目,应根据"应收票据""应收账款""长期股权投资""在建工程"等账户的期末余额减去"坏账准备""长期股权投资减值准备""在建工程减值准备"等账户余额后的净额填列。"固定资产"项目,应根据"固定资产"账户的期末余额,减去"累计折旧""固定资产减值准备"账户余额后的净额填列。"无形资产"项目,应根据"无形资产"账户的期末余额,减去"累计摊销""无形资产减值准备"账户余额后的净额填列。

(6) 综合分析填列。资产负债表中的某些项目,需要综合运用上述方法分析填列。如"存货"项目,应根据"在途物资""材料采购""原材料""库存商品""发出商品""委托加工物资""周转材料""材料成本差异""生产成本"等账户期末余额的分析汇总数,减去"存货跌价准备"账户余额后的净额填列。

（7）资产负债表附注的填列。资产负债表附注的内容，根据实际需要和有关备查账簿等的记录分析填列。

任务二　编制利润表

一、利润表的概念和意义

利润表是反映企业在一定会计期间经营成果的报表。由于它反映的是某一期间的情况，所以又称为动态会计报表。

二、利润表的格式

利润表的格式主要有多步式利润表和单步式利润表两种。我国企业的利润表采用多步式。多步式利润表计算当期净利润的步骤如下：

第一步，从营业收入出发，减去营业成本、税金及附加、销售费用、管理费用、财务费用、资产减值损失，加上公允价值变动收益（减去公允价值变动损失）、投资收益（减去投资损失）、资产处置收益和其他收益，计算出营业利润；

第二步，在营业利润的基础上，加上营业外收入，减去营业外支出，计算出利润总额；

第三步，在利润总额的基础上，减去所得税费用，计算出净利润（或净亏损）。

三、利润表编制的基本方法

（一）上期金额栏的填列方法

利润表"上期金额"栏内各项数字，应根据上年该期利润表"本期金额"栏内所列数字填列。如果上年该期利润表规定的各个项目的名称和内容同本期不相一致，应对上年该期利润表各项目的名称和数字按本期的规定进行调整，填入利润"上期金额"栏内。

（二）本期金额栏的填列方法

利润表"本期金额"栏内各项数字，除"基本每股收益"和"稀释每股收益"项目外，应当按相关科目的发生额分析填列。

7

习　　　题

任务一　编制资产负债表

一、判断题

1. 会计报表是用来总括反映企业财务状况、经营成果和现金流量的报告文件，其各项目的数据都是根据报告期有关账户的期末余额分析、计算填列的。　　　　　　（　　）

2. 企业的财务会计报告指的是企业财务报表。　　　　　　　　　　　　　　（　　）

3. 资产负债表是反映企业一定时期财务状况的财务报表。　　　　　　　　　（　　）

4. 资产负债表是静态报表，应根据有关账户的期末余额直接填列。　　　　　（　　）

    5. 资产负债表中"存货"项目应根据"库存商品"期末余额填列。   （   ）

二、单项选择题

1. 下列会计报表中,属于静态报表的是（   ）。

A. 现金流量表　　　　　　　　　　B. 利润表

C. 所有者权益变动表　　　　　　　D. 资产负债表

2. 下列会计报表中,属于反映企业一定时期经营成果的会计报表是（   ）。

A. 现金流量表　　　　　　　　　　B. 利润表

C. 所有者权益变动表　　　　　　　D. 资产负债表

3. 我国的资产负债表采用的是（   ）结构。

A. 多步式　　　　　B. 单步式　　　　　C. 账户式　　　　　D. 报告式

三、多项选择题

1. 资产负债表中的"货币资金"项目应根据"（   ）"账户余额填列。

A. 库存现金　　　　　　　　　　　B. 银行存款

C. 其他货币资金　　　　　　　　　D. 交易性金融资产

2. 下列各账户中,其期末余额应在资产负债表的"存货"项目中填列的有（   ）账户。

A. "材料采购"　　　　　　　　　　B. "生产成本"

C. "库存商品"　　　　　　　　　　D. "原材料"

3. 资产负债表中的"应付账款"项目应根据（   ）分析填列。

A. "应付账款"总账账户的贷方余额

B. "预付账款"账户所属明细账户贷方余额合计

C. "应付账款"账户所属明细账户贷方余额合计

D. "应付账款""其他应收款"等总账账户的贷方余额合计

4. 企业的年度财务报表,一般应包括（   ）。

A. 资产负债表　　　　　　　　　　B. 利润表

C. 现金流量表　　　　　　　　　　D. 所有者权益变动表

5. 下列关于资产负债表作用的表述中,正确的有（   ）。

A. 可以反映所有者拥有的权益

B. 可以反映企业在某一期间的财务状况

C. 可以提供某一日期资产的总额及其结构

D. 可以提供某一日期负债的总额及其结构

四、业务题

（一）目的

练习资产负债表的编制。

（二）资料

长江公司去年12月31日有关账户余额如表7-1所示。

表 7 - 1　　　　　　　　　　　　　　　　　账　户　余　额　表

账　户	借方金额	账　户	贷方金额
库存现金	236	短期借款	76 000
银行存款	74 052	应付账款	37 350
交易性金融资产	12 200	其他应付款	3 780
应收账款	31 900	应付职工薪酬	27 550
其他应收款	300	应交税费	8 290
原材料	176 570	应付股利	12 100
生产成本	30 182	应付利息	1 400
库存商品	17 270	长期借款	50 000
长期股权投资	60 000	累计折旧	181 500
固定资产	500 000	实收资本	491 500
无形资产	15 000	盈余公积	25 000
利润分配	32 760	本年利润	36 000
合　计	950 470	合　计	950 470

其中："应收账款"明细账余额：A 公司 41 900 元（借）；B 公司 10 000 元（贷）。

　　　"应付账款"明细账余额：C 公司 54 350 元（贷）；D 公司 17 000 元（借）。

（三）要求

根据上述资料编制去年 12 月 31 日的资产负债表（表 7 - 2）。

表 7 - 2　　　　　　　　　　　　　　　　　资　产　负　债　表

会企 01 表

编制单位：　　　　　　　　　　　　　年　　月　　日　　　　　　　　　　　　单位：元

资　产	期末余额	上年年末余额	负债和所有者权益（或股东权益）	期末余额	上年年末余额
流动资产：			流动负债：		
货币资金			短期借款		
交易性金融资产			交易性金融负债		
衍生金融资产			衍生金融负债		
应收票据			应付票据		
应收账款			应付账款		
应收款项融资			预收款项		
预付款项			合同负债		
其他应收款			应付职工薪酬		
存货			应交税费		
合同资产			其他应付款		

资产	期末余额	上年年末余额	负债和所有者权益（或股东权益）	期末余额	上年年末余额
持有待售资产			持有待售负债		
一年内到期的非流动资产			一年内到期的非流动负债		
其他流动资产			其他流动负债		
流动资产合计			流动负债合计		
非流动资产：			非流动负债：		
债权投资			长期借款		
其他债权投资			应付债券		
长期应收款			其中：优先股		
长期股权投资			永续债		
其他权益工具投资			租赁负债		
其他非流动金融资产			长期应付款		
投资性房地产			预计负债		
固定资产			递延收益		
在建工程			递延所得税负债		
生产性生物资产			其他非流动负债		
油气资产			非流动负债合计		
使用权资产			负债合计		
无形资产			所有者权益（或股东权益）：		
开发支出			实收资本（或股本）		
商誉			其他权益工具		
长期待摊费用			其中：优先股		
递延所得税资产			永续债		
其他非流动资产			资本公积		
非流动资产合计			减：库存股		
			其他综合收益		
			盈余公积		
			未分配利润		
			所有者权益（或股东权益）合计		
资产总计			负债和所有者权益（或股东权益）总计		

7

五、思考题

1. 简述企业财务会计报告的基本构成。

2. 编制财务会计报告需要做好哪些准备工作？财务会计报告的编制要求有哪些？

3. 简要说明资产负债表的作用、结构和编制方法。

任务二　编制利润表

一、判断题

1. 利润表是反映企业某一特定日期财务成果的财务报表。　　　　　　（　　　）

2. 我国利润表是采用多步式结构设计的。　　　　　　　　　　　　　（　　　）

3. 利润表中的"上期金额"是指本期的上一期金额。　　　　　　　　　（　　　）

4. 利润表中的"本期金额"通常是按相关科目的本期发生额分析填列的。（　　　）

二、单项选择题

1. 我国的利润表采用的是（　　　）结构。

A. 多步式　　　　　　　B. 单步式　　　　　　　C. 账户式　　　　　　　D. 报告式

2. 利润表应根据（　　　）账户分析填列。

A. "库存商品"　　　　　B. "利润分配"　　　　　C. 损益类　　　　　　　D. "本年利润"

3. 下列关于利润表的描述中，不正确的是（　　　）。

A. 利润表属于动态报表　　　　　　　　B. 利润表能够反映企业的财务状态

C. 利润表能够反映企业的获利能力　　　D. 利润表能够提供经营成果信息

4. 利润表是反映企业特定（　　　）经营成果的财务报表。

A. 期间　　　　　　　　B. 时期　　　　　　　　C. 时间　　　　　　　　D. 日期

5. 下列项目中，影响营业利润的是（　　　）。

A. 管理费用　　　　　　　　　　　　　B. 制造费用

C. 营业外收入　　　　　　　　　　　　D. 所得税费用

三、多项选择题

1. 利润表中的利润总额包括（　　　）。

A. 营业利润　　　　　　　　　　　　　B. 投资净收益

C. 营业外收支净额　　　　　　　　　　D. 所得税费用

2. 利润表能够提供的信息包括（　　　）。

A. 收入情况　　　　　　　　　　　　　B. 成本费用支出情况

C. 短期偿债能力　　　　　　　　　　　D. 经营成果的质量

3. 利润表编报的期间包括（　　　）。

A. 月　　　　　　　　　B. 季　　　　　　　　　C. 半年　　　　　　　　D. 年

4. 利润表提供的信息包括（　　　）。

A. 综合收益总额　　B. 每股收益　　　　　C. 利润总额　　　　　　D. 净利润

5. 下列项目中，影响利润总额的是（　　　）。

A. 营业收入　　　　　　B. 营业外收入　　　　　C. 营业成本　　　　　　D. 所得税费用

7

四、业务题

（一）目的

练习利润表的编制。

（二）资料

1. 长江公司去年 12 月份结账前有关账户资料摘要（表 7-3）

表 7-3   账户资料摘要   单位：元

账　户	1—11 月累计数	12 月 31 日结账前余额
主营业务收入	12 743 000	1 123 680
主营业务成本	8 999 646	
销售费用	528 100	47 920
管理费用	586 934	13 070
财务费用	132 000	
营业外收入	27 500	1 600
营业外支出	102 650	11 000
所得税费用	820 655.70	

2. 12 月 31 日发生的结账业务

（1）计提本月固定资产折旧 7 000 元，其中车间用固定资产折旧 4 500 元，行政管理部门用固定资产折旧 2 500 元。

（2）计提本月的银行借款利息 14 180 元。

（3）结转本月商品销售成本 765 740 元。

（4）计算并结转本月损益。

（5）按 25% 的税率计算并结转本月应交的企业所得税。

（三）要求

（1）根据资料 2，编制会计分录。

（2）根据上述资料，填列表 7-4。

表 7-4   账户资料填列   单位：元

账　户	1—11 月累计数	12 月发生额	全年累计数
主营业务收入			
主营业务成本			
销售费用			
管理费用			
财务费用			
营业外收入			
营业外支出			
所得税费用			

（3）根据以上资料编制该年度的利润表（表 7-5）。

表 7-5   利　润　表

会企 02 表

编制单位：　　　　　　　　　　年　　月　　　　　　　　　　　单位：元

项　目	本期金额	上期金额
一、营业收入		
减：营业成本		
税金及附加		
销售费用		
管理费用		
研发费用		
财务费用		
其中：利息费用		
利息收入		
加：其他收益		
投资收益（损失以"－"号填列）		
其中：对联营企业和合营企业的投资收益		
以摊余成本计量的金融资产终止确认收益（损失以"－"号填列）		
净敞口套期收益（损失以"－"号填列）		
公允价值变动收益（损失以"－"号填列）		
信用减值损失（损失以"－"号填列）		
资产减值损失（损失以"－"号填列）		
资产处置收益（损失以"－"号填列）		
二、营业利润（亏损以"－"号填列）		
加：营业外收入		
减：营业外支出		
三、利润总额（亏损总额以"－"号填列）		
减：所得税费用		
四、净利润		
（一）持续经营净利润（净亏损以"－"号填列）		
（二）终止经营净利润（净亏损以"－"号填列）		
五、其他综合收益的税后净额		
（一）不能重分类进损益的其他综合收益		

7

续　表

项　　目	本期金额	上期金额
1. 重新计量设定受益计划变动额		
2. 权益法下不能转损益的其他综合收益		
3. 其他权益工具投资公允价值变动		
4. 企业自身信用风险公允价值变动		
……		
（二）将重分类进损益的其他综合收益		
1. 权益法下可转损益的其他综合收益		
2. 其他债权投资公允价值变动		
3. 金融资产重分类计入其他综合收益的金额		
4. 其他债权投资信用减值准备		
5. 现金流量套期储备		
6. 外币财务报表折算差额		
……		
六、综合收益总额		
七、每股收益		
（一）基本每股收益		
（二）稀释每股收益		

五、思考题

1. 利润可以提供哪些对经济决策有用的信息？
2. 简要说明利润表的作用、结构和编制方法。

实　　　训

一、实训目标

通过训练，能够正确编制企业资产负债表、利润表。

二、实训资料

（1）项目二实训的相关资料。
（2）项目四实训二和实训三的相关资料。
（3）项目五实训三的相关资料。
（4）项目六实训二的相关资料。

三、实训要求

(1) 根据实训资料,编制中兴公司今年 1 月 31 日的资产负债表。

(2) 根据实训资料,编制中兴公司今年 1 月份的利润表(上期金额略)。

(3) 本次实训所需材料:资产负债表 1 张(实训材料 7-1)、利润表 1 张(实训材料 7-2)。

实训材料 7-1　　　　　　　　　　　资 产 负 债 表

会企 01 表

编制单位:　　　　　　　　_____年___月___日　　　　　　　　单位:元

资　　产	期末余额	上年年末余额	负债和所有者权益 (或股东权益)	期末余额	上年年末余额
流动资产:			流动负债:		
货币资金			短期借款		
交易性金融资产			交易性金融负债		
衍生金融资产			衍生金融负债		
应收票据			应付票据		
应收账款			应付账款		
应收款项融资			预收款项		
预付款项			合同负债		
其他应收款			应付职工薪酬		
存货			应交税费		
合同资产			其他应付款		
持有待售资产			持有待售负债		
一年内到期的非流动资产			一年内到期的非流动负债		
其他流动资产			其他流动负债		
流动资产合计			流动负债合计		
非流动资产:			非流动负债:		
债权投资			长期借款		
其他债权投资			应付债券		
长期应收款			其中:优先股		
长期股权投资			永续债		
其他权益工具投资			租赁负债		
其他非流动金融资产			长期应付款		
投资性房地产			预计负债		
固定资产			递延收益		
在建工程			递延所得税负债		
生产性生物资产			其他非流动负债		
油气资产			非流动负债合计		

7

续　表

资产	期末余额	上年年末余额	负债和所有者权益（或股东权益）	期末余额	上年年末余额
使用权资产			负债合计		
无形资产			所有者权益（或股东权益）：		
开发支出			实收资本（或股本）		
商誉			其他权益工具		
长期待摊费用			其中：优先股		
递延所得税资产			永续债		
其他非流动资产			资本公积		
非流动资产合计			减：库存股		
			其他综合收益		
			盈余公积		
			未分配利润		
			所有者权益（或股东权益）合计		
资产总计			负债和所有者权益（或股东权益）总计		

实训资料 7 - 2 　　　　　　　利　润　表

会企 02 表

编制单位：　　　　　　　　　　　　 ___年___月 　　　　　　　　　　　　　单位：元

项　目	本期金额	上期金额
一、营业收入		
减：营业成本		
税金及附加		
销售费用		
管理费用		
研发费用		
财务费用		
其中：利息费用		
利息收入		
加：其他收益		
投资收益（损失以"－"号填列）		
其中：对联营企业和合营企业的投资收益		

项　　　目	本期金额	上期金额
以摊余成本计量的金融资产终止确认收益(损失以"－"号填列)		
净敞口套期收益(损失以"－"号填列)		
公允价值变动收益(损失以"－"号填列)		
信用减值损失(损失以"－"号填列)		
资产减值损失(损失以"－"号填列)		
资产处置收益(损失以"－"号填列)		
二、营业利润(亏损以"－"号填列)		
加：营业外收入		
减：营业外支出		
三、利润总额(亏损总额以"－"号填列)		
减：所得税费用		
四、净利润		
(一) 持续经营净利润(净亏损以"－"号填列)		
(二) 终止经营净利润(净亏损以"－"号填列)		
五、其他综合收益的税后净额		
(一) 不能重分类进损益的其他综合收益		
1. 重新计量设定受益计划变动额		
2. 权益法下不能转损益的其他综合收益		
3. 其他权益工具投资公允价值变动		
4. 企业自身信用风险公允价值变动		
……		
(二) 将重分类进损益的其他综合收益		
1. 权益法下可转损益的其他综合收益		
2. 其他债权投资公允价值变动		
3. 金融资产重分类计入其他综合收益的金额		
4. 其他债权投资信用减值准备		
5. 现金流量套期储备		
6. 外币财务报表折算差额		
……		
六、综合收益总额		
七、每股收益		
(一) 基本每股收益		
(二) 稀释每股收益		

7

项目八　账务处理程序

一、账务处理程序的意义和种类

（一）账务处理程序的意义

账务处理程序就是把账簿凭证组织、记账程序和方法有机结合的方式和步骤，又称会计核算组织程序、会计核算形式或会计循环。

账务处理程序的上述几个组织内容中，账簿凭证组织是核心。把各种不同的会计凭证和账簿，按照不同的核算程序和方法有机地组合起来，就形成了不同的账务处理程序。

科学合理地设计账务处理程序的意义在于：

（1）可以保证各种会计凭证按照规定的环节和时间有条不紊地进行传递，及时登记账簿、编制会计报表，提高会计核算工作的效率。

（2）可以提供全面、正确、及时的会计资料，满足企业本身经营管理和外部单位对会计资料的需要。

（3）可以简化会计核算环节和手续，避免重复、无效的会计核算工作，从而节约人力、物力和财力。

（4）可以正确地组织会计核算的分工、协作，加强岗位责任制，明确经济责任，充分发挥会计的核算和监督职能。

（二）账务处理程序的种类

由于企业规模有大有小，业务有繁有简，其经营特点也不尽相同，为了正确地组织会计工作，发挥会计在经济管理中的作用，应该结合本单位的业务特点，从实际出发，正确设计会计凭证以及账簿的种类、格式，规定它们之间的联系以及登记程序和方法，从而形成科学合理的账务处理程序。

目前采用的账务处理程序一般包括记账凭证账务处理程序、科目汇总表账务处理程序、汇总记账凭证账务处理程序等。各单位可以根据自身的业务特点以及实际情况来选用。

二、记账凭证账务处理程序

（一）记账凭证账务处理程序的特点

记账凭证账务处理程序是根据各种记账凭证登记总账的账务处理程序，其主要特点是：

8

根据每一张记账凭证逐笔登记总账。记账凭证账务处理程序是账务处理程序中最基本的形式,其他各种账务处理程序基本上是在它的基础上产生和发展起来的。

（二）记账凭证账务处理程序的凭证、账簿组织

在记账凭证账务处理程序下,记账凭证一般采用收款凭证、付款凭证、转账凭证三种,规模较小的企业也可以采用通用记账凭证。采用这种账务处理程序,企业需要设置序时账簿和分类账簿。序时账簿应设有库存现金日记账和银行存款日记账,其格式可以采用三栏式,也可以采用多栏式。分类账簿需要设置总分类账和各种明细分类账。明细分类账根据需要可采用三栏式、多栏式或数量金额式。

（三）记账凭证账务处理程序的记账程序和方法

（1）根据各种原始凭证或原始凭证汇总表编制记账凭证。

（2）根据收款凭证和付款凭证登记库存现金日记账和银行存款日记账。

（3）根据记账凭证及其所附的原始凭证或原始凭证汇总表登记各种明细账。

（4）根据各种记账凭证逐笔登记总账。

（5）将库存现金日记账、银行存款日记账、各种明细账与总账核对相符。

（6）期末,根据总账和明细账的资料编制会计报表。

（四）记账凭证账务处理程序的优缺点和适用范围

记账凭证账务处理程序的优点是账务处理程序简单明了,易于理解和运用;总账根据记账凭证逐笔登记,在总账中就能比较详细地反映经济业务的内容,便于查阅。其缺点是登记总账的工作量大。因此,这种账务处理程序适用于规模较小、业务量较少、凭证不多的企事业单位。

三、科目汇总表账务处理程序

（一）科目汇总表账务处理程序的特点

科目汇总表账务处理程序是根据科目汇总表登记总账的账务处理程序,其主要特点是:定期根据所有的记账凭证编制科目汇总表,然后根据科目汇总表登记总账。

（二）科目汇总表账务处理程序的凭证、账簿组织

在科目汇总表账务处理程序下,记账凭证一般采用收款凭证、付款凭证、转账凭证三种或通用记账凭证。为了定期对记账凭证进行汇总,还需设置科目汇总表。

科目汇总表实际上也是一种记账凭证,只不过是一种汇总性的记账凭证,它是定期根据记账凭证编制的,因此又称为记账凭证汇总表。

（三）科目汇总表账务处理程序的记账程序和方法

（1）根据各种原始凭证或原始凭证汇总表,编制记账凭证。

（2）根据收款凭证和付款凭证,登记库存现金日记账和银行存款日记账。

（3）根据记账凭证及其所附的原始凭证或原始凭证汇总表,登记各种明细账。

（4）根据各种记账凭证,编制科目汇总表。

（5）根据科目汇总表,登记总账。

（6）将库存现金日记账、银行存款日记账、各种明细账与总账核对相符。

（7）期末,根据总账和明细账的资料编制会计报表。

（四）科目汇总表账务处理程序的优缺点和适用范围

科目汇总表账务处理程序的优点是根据科目汇总表登记总账，可以大大减轻登记总账的工作量，而且科目汇总表还能起到试算平衡的作用，保证登记总账的准确性。缺点是由于科目汇总表不能反映会计科目的对应关系，因此不便于分析经济业务的来龙去脉。这种账务处理程序一般适用于业务量较多的单位。

四、汇总记账凭证账务处理程序

（一）汇总记账凭证账务处理程序的特点

汇总记账凭证账务处理程序是根据汇总记账凭证登记总账的账务处理程序，其主要特点是：定期根据记账凭证编制汇总记账凭证，然后根据汇总记账凭证登记总账。

（二）汇总记账凭证账务处理程序的凭证、账簿组织

在汇总记账凭证账务处理程序下，除仍应设置收款凭证、付款凭证和转账凭证之外，还要编制汇总收款凭证、汇总付款凭证和汇总转账凭证。

汇总收款凭证是根据现金或银行存款编制的收款凭证，按现金或银行存款科目的借方分别设置，并按贷方科目加以归类汇总。

汇总付款凭证是根据现金或银行存款编制的付款凭证，按现金或银行存款科目的贷方分别设置，并按借方科目加以归类汇总。

汇总转账凭证根据转账凭证按每个科目的贷方分别设置，并按对应的借方科目归类汇总。

（三）汇总记账凭证账务处理程序的记账程序和方法

(1) 根据各种原始凭证或原始凭证汇总表编制记账凭证。

(2) 根据收款凭证和付款凭证登记库存现金日记账和银行存款日记账。

(3) 根据记账凭证及其所附的原始凭证或原始凭证汇总表登记各种明细账。

(4) 根据各种记账凭证编制汇总记账凭证。

(5) 根据汇总记账凭证登记总账。

(6) 将库存现金日记账、银行存款日记账、各种明细账与总账核对相符。

(7) 期末，根据总账和明细账的资料编制会计报表。

（四）汇总记账凭证账务处理程序的优缺点和适用范围

汇总记账凭证账务处理程序的优点是月末一次根据汇总记账凭证登记总账，简化了登记总账的工作量；同时，汇总记账凭证是按照科目对应关系根据记账凭证进行归类编制的，因此可以清晰地反映科目之间的对应关系，便于进行经济业务的分析和检查。缺点是汇总转账凭证是按每一贷方科目分别编制的，不是按经济业务的性质进行归类，因此不利于日常核算工作的合理分工，并且汇总记账凭证的填制工作量比较大。因此，这种账务处理程序适用于规模较大、业务较多的单位。

习　　题

一、判断题

1. 账务处理程序，又称会计核算程序，是指运用一定的记账方法，从填制和审核会计凭

证,登记账簿,直到编制会计报表的记账程序。　　　　　　　　　　　　　（　　）

2.各种账簿都是直接根据记账凭证进行登记的。　　　　　　　　　　　（　　）

3.记账凭证账务处理程序的主要特点是根据记账凭证逐笔登记总分类账和明细分类账。

（　　）

4.为了便于编制汇总转账凭证,在编制转账凭证时,其账户的对应关系应是一借一贷或多借一贷。　　　　　　　　　　　　　　　　　　　　　　　　　　　　　　　　　　　（　　）

5.采用科目汇总表账务处理程序,不仅可以简化登记总账的工作,而且便于检查和分析经济业务。　　　　　　　　　　　　　　　　　　　　　　　　　　　　　　　　　　　　（　　）

6.采用科目汇总表账务处理程序,总分类账、明细分类账和日记账都应根据科目汇总表登记。　　　　　　　　　　　　　　　　　　　　　　　　　　　　　　　　　　　　　　（　　）

7.账务处理程序不同,库存现金日记账、银行存款日记账登记的依据也不同。　（　　）

8.为保证总账与其所属明细账的记录相符,总账应根据其所属明细账记录转入登记。

（　　）

9.各种账务处理程序之间的区别主要在于编制会计报表的依据和方法不同。　（　　）

10.汇总记账凭证可以清晰地反映科目之间的对应关系。　　　　　　　　　（　　）

二、单项选择题

1.各账务处理程序间的主要区别是(　　　　)。

A.填制会计凭证的依据和方法不同　　　　B.登记总账的依据和方法不同

C.编制财务报表的依据和方法不同　　　　D.登记明细账的依据和方法不同

2.下列账务处理程序中,最基本的处理程序是(　　　　)。

A.记账凭证账务处理程序　　　　　　　　B.科目汇总表账务处理程序

C.汇总记账凭证账务处理程序　　　　　　D.日记总账账务处理程序

3.汇总记账凭证账务处理程序下,总分类账账页一般采用(　　　　)。

A.三栏式　　　　　　　　　　　　　　　B.多栏式

C.设有"对应科目"栏的三栏式　　　　　　D.数量金额式

4.记账凭证账务处理程序的主要特点是根据(　　　)登记总账。

A.记账凭证　　　　　　　　　　　　　　B.科目汇总表

C.汇总记账凭证　　　　　　　　　　　　D.多栏式日记账

5.编制科目汇总表的直接依据是(　　　　)。

A.原始凭证　　　　　　　　　　　　　　B.记账凭证

C.原始凭证汇总表　　　　　　　　　　　D.汇总记账凭证

8

三、多项选择题

1.汇总记账凭证账务处理程序的优点是(　　　　　　)。

A.总账能反映账户对应关系,便于对经济业务进行分析和检查

B.减少登记总账的工作量

C.同一贷方科目的转账凭证不多时,可以减少核算工作量

D.有利于对全部账户的发生额进行试算平衡

2. 采用汇总记账凭证账务处理程序时,编制记账凭证的要求包括(　　　　)。

A. 收款凭证可以一借多贷 　　　　　B. 转账凭证可以一借多贷

C. 转账凭证可以一贷多借 　　　　　D. 付款凭证可以一贷多借

3. 科目汇总表的作用有(　　　　)。

A. 减少总分类账的记账工作量 　　　B. 进行登记总账前的试算平衡

C. 反映账户的对应关系 　　　　　　D. 汇总有关账户的本期借、贷方发生额

4. 账务处理程序的内容包括(　　　　)。

A. 账簿组织　　　B. 报表体系　　　C. 记账程序及方法　　D. 编制报表的方法

5. 登记总分类账的根据可以是(　　　　)。

A. 记账凭证 　　　　　　　　　　　B. 科目汇总表

C. 汇总记账凭证 　　　　　　　　　D. 多栏式库存现金、银行存款日记账

四、业务题

业 务 题 一

(一)目的

练习科目汇总表的编制。

(二)资料

蓝天公司根据今年 6 月 21 日至 30 日发生的经济业务,编制如下会计分录。

(1) 借:应付账款　　　　　　　　　　　7 200
　　　　贷:银行存款　　　　　　　　　　　　7 200

(2) 借:库存现金　　　　　　　　　　　5 000
　　　　贷:银行存款　　　　　　　　　　　　5 000

(3) 借:生产成本　　　　　　　　　　　21 000
　　　　贷:原材料　　　　　　　　　　　　　21 000

(4) 借:管理费用　　　　　　　　　　　600
　　　　贷:库存现金　　　　　　　　　　　　600

(5) 借:银行存款　　　　　　　　　　　35 100
　　　　贷:主营业务收入　　　　　　　　　　30 000
　　　　　　应交税费　　　　　　　　　　　　5 100

(6) 借:主营业务成本　　　　　　　　　18 000
　　　　贷:库存商品　　　　　　　　　　　　18 000

(7) 借:销售费用　　　　　　　　　　　1 000
　　　　贷:银行存款　　　　　　　　　　　　1 000

(8) 借:财务费用　　　　　　　　　　　1 500
　　　　贷:应付利息　　　　　　　　　　　　1 500

(9) 借:管理费用　　　　　　　　　　　920
　　　　贷:库存现金　　　　　　　　　　　　920

(10) 借:主营业务收入　　　　　　　　　30 000
　　　　贷:本年利润　　　　　　　　　　　　30 000

借：本年利润		23 420
贷：主营业务成本		18 000
销售费用		2 400
财务费用		1 500
管理费用		1 520

（三）要求

根据上述会计分录编制科目汇总表。

业　务　题　二

（一）目的

练习汇总记账凭证的编制。

（二）资料

东海公司今年 8 月份发生下列经济业务。

（1）1 日，股东投入资本 20 000 元，存入银行。

（2）2 日，购入下列材料，价款 15 000 元、税款 1 950 元，运杂费 900 元、税款 81 元，当即以银行存款支付（运杂费按材料重量比例分配）。

A 材料	3 000 千克	每千克 4.00 元	计 12 000 元
B 材料	1 500 千克	每千克 2.00 元	计　3 000 元
合　计			15 000 元

（3）3 日，出售甲产品 100 件，每件售价 100 元，价款 10 000 元和税款 1 300 元当即收到，存入银行。

（4）5 日，收到 2 日购入的 A、B 两种材料，并验收入库，按实际采购成本入账。

（5）5 日，以银行存款缴纳上月欠缴的税金 700 元。

（6）6 日，仓库发出下列材料投入甲产品生产：

A 材料	1 650 千克	每千克 4.00 元	计　6 600 元
B 材料	7 000 千克	每千克 2.00 元	计 14 000 元
合　计			20 600 元

（7）7 日，收到大华公司还来前欠货款 14 000 元，存入银行。

（8）8 日，以银行存款支付前欠振徽公司货款 13 000 元。

（9）10 日，股东投入新机器一台，双方确认的价值为 10 000 元、税款 1 300 元。

（10）12 日，向达美公司出售甲产品 200 件，每件售价 100 元，价款 20 000 元，税款 2 600 元。款项尚未收到。

（11）14 日，向银行借入短期借款 12 000 元，存入银行。

（12）15 日，从银行提取现金 8 000 元，以备发放工资。

（13）15 日，以现金支付本月职工工资 8 000 元。

（14）15 日，以银行存款预缴本月的企业所得税 1 500 元。

（15）16 日，以现金支付行政管理部门的办公用品费 93.60 元。

（16）16 日，收到达美公司还来货款 23 400 元，存入银行。

（17）20 日，以银行存款支付销售甲产品的广告费 1 800 元、税款 108 元。

8

（18）22 日，向新华公司出售甲产品 30 件，每件售价 100 元，价款 3 000 元，税款 390 元。款项尚未收到。

（19）24 日，购入下列材料，材料价款 7 000 元、税款 910 元，运杂费 600 元、税款 54 元，货款已付（运杂费按材料重量比例分配）。

A 材料　　1 000 千克　　每千克 4.00 元　　计 4 000 元
B 材料　　1 500 千克　　每千克 2.00 元　　计 3 000 元
合　计　　　　　　　　　　　　　　　　　7 000 元

（20）26 日，收到本月 24 日购入的 A、B 两种材料，并验收入库，按其实际采购成本入账。

（21）31 日，计提本月份应负担的短期借款利息 400 元。

（22）31 日，计提本月固定资产折旧 4 000 元，其中：生产车间计提固定资产折旧 2 600 元，行政管理部门计提固定资产折旧 1 400 元。

（23）31 日，结转本月职工工资 8 000 元，其中：生产人员工资 5 000 元，车间管理人员工资 1 000 元，行政管理人员工资 2 000 元。

（24）31 日，将本月发生的制造费用 3 600 元计入产品生产成本。

（25）31 日，甲产品 500 件本月完工，每件单位生产成本 65 元，计 32 500 元。

（26）31 日，结转本月已销产品的生产成本，每件 60 元。

（27）31 日，将损益类账户余额结转至"本年利润"账户。

（28）31 日，按本月实现的利润总额计算企业应交的企业所得税（税率 25%）。

（三）要求

（1）根据上述资料，编制会计分录。

（2）根据会计分录，分别编制汇总收款凭证、汇总付款凭证和汇总转账凭证。

五、思考题

1. 什么是账务处理程序？科学合理地设计账务处理程序有何重要意义？

2. 会计实务中普遍采用的账务处理程序有哪几种？简述它们的主要特点、程序与适用范围。

3. 区别不同账务处理程序的最主要的标志是什么？

实　训

一、实训目标

学生通过完成一次会计循环的账务处理，系统掌握会计核算的基本规范，做到理论与实践相结合，以提高会计实务操作能力。

二、实训资料

（一）模拟企业概况

（1）企业名称：日新公司；

（2）地址、电话：临江市银湖路 16 号、0553 - 3268116；

（3）纳税人识别号：91341001012412956K。

（4）开户银行及账号：中国工商银行银湖路办事处、35-47026。

（二）企业内部生产部门设置

（1）一生产车间：生产甲、乙两种产品（美容护肤品）。

（2）二生产车间：生产丙、丁两种产品（美容护肤品）。

（三）会计核算方法

（1）记账方法：借贷记账法。

（2）会计核算形式：科目汇总表核算形式，每10天汇总一次，登记总账。

（四）期初建账资料

（1）日新公司2024年6月30日总分类账户余额如表8-1所示。

表8-1　　　　　　　　　　　　　　总 分 类 账 表

总账科目名称	账 户 余 额	
	借 方	贷 方
库存现金	930.00	
银行存款	206 920.00	
应收账款	32 000.00	
其他应收款	2 000.00	
在途物资	6 000.00	
原材料	48 880.00	
周转材料	15 000.00	
库存商品	89 600.00	
固定资产	1 800 000.00	
累计折旧		320 000.00
交易性金融资产	56 400.00	
利润分配	327 280.00	
短期借款		79 600.00
应付账款		40 000.00
其他应付款		1 600.00
应付职工薪酬		21 000.00
生产成本	4 530.00	
实收资本		1 300 000.00
盈余公积		177 340.00
本年利润		650 000.00
合 计	2 589 540.00	2 589 540.00

8

(2)日新公司日记账、明细账建账期初余额如表8-2所示。

表8-2   日记账及明细账表

总账科目	日记账及明细账科目		账户余额	
			借方	贷方
库存现金			930.00	
银行存款			206 920.00	
应收账款	利民公司		8 000.00	
	博凡公司		4 000.00	
	东方商场		20 000.00	
应付账款	临江红星材料厂			10 000.00
	华伟材料厂			16 000.00
	临江富民材料公司			14 000.00
在途物资	A材料			
	B材料(6月25日从临江红星材料厂采购,记字68号,4 000千克,买价5 920.00,运费80.00)		6 000.00	
	C材料			
	D材料			
原材料	A材料	18 880千克	18 880.00	
	B材料	8 000千克	12 000.00	
	C材料	30 000千克	12 000.00	
	D材料	600千克	6 000.00	
库存商品	甲产品	11 000千克	8 800.00	
	乙产品	20 000千克	20 000.00	
	丙产品	16 000千克	32 000.00	
	丁产品	12 000千克	28 800.00	
生产成本	甲产品	直接材料		
		直接人工		
		制造费用		
	乙产品	直接材料		
		直接人工		
		制造费用		
	丙产品	直接材料		
		直接人工		
		制造费用		

8

总 账 科 目	日记账及明细账科目		账 户 余 额	
			借 方	贷 方
生产成本	丁产品	直接材料	3 700.00	
		直接人工	510.00	
		制造费用	320.00	
制造费用	一车间	职工薪酬		
		折旧费		
		水电费		
		办公费		
		其他		
	二车间	职工薪酬		
		折旧费		
		水电费		
		办公费		
		其他		
管理费用	职工薪酬			
	折旧费			
	办公费			
	差旅费			
	水电费			
	其他			
主营业务成本	甲产品			
	乙产品			
	丙产品			
	丁产品			
主营业务收入	甲产品			
	乙产品			
	丙产品			
	丁产品			

注：凡在期初建账资料中未列出的明细账可以不开设。

8

（五）日新公司 2024 年 7 月份发生的经济业务

（1）1 日，会计部门提取备用金 1 000 元，开出现金支票一张。

（2）2 日，生产一车间生产甲产品领用 C 材料 10 000 千克，每千克成本为 0.40 元，计 4 000 元；生产乙产品领用 C 材料 12 000 千克，每千克成本为 0.40 元，计 4 800 元。

（3）2 日，上月从临江红星材料厂购进的 B 材料已验收入库，按材料的实际采购成本转账。

（4）2 日，生产二车间生产丙产品领用 A 材料 2 800 千克，每千克成本为 1.00 元，计 2 800 元；生产丁产品领用 B 材料 4 000 千克，每千克成本为 1.50 元，计 6 000 元。

（5）2 日，办公室张丽出差预借差旅费 1 000 元，以现金付讫。

（6）3 日，开出转账支票偿付临江红星材料厂货款 10 000 元。

（7）5 日，因生产需要，从银行借入短期借款 180 000 元存入银行。

（8）5 日，从临江红星材料厂购进 A 材料 4 000 千克，每千克进价为 1.00 元，计 4 000 元；B 材料 8 000 千克，每千克进价为 1.50 元，计 12 000 元；增值税进项税额为 2 080 元。上述款项以转账支票付讫。材料已由临江红星材料厂送到，验收入库。

（9）5 日，从富民材料公司购进 C 材料 8 000 千克，每千克进价为 0.40 元，计 3 200 元，增值税进项税额为 416 元。上述款项以转账支票付讫。

（10）6 日，5 日购进的 C 材料由富民材料公司送到，验收入库，按材料的实际采购成本结转。

（11）6 日，生产一车间生产甲产品领用 A 材料 200 千克，每千克成本为 1.00 元，计 200 元；生产乙产品领用 B 材料 300 千克，每千克成本为 1.50 元，计 450 元。

（12）6 日，生产二车间生产丙产品领用 B 材料 1 200 千克，每千克成本为 1.50 元，计 1 800 元；生产丁产品领用 A 材料 1 000 千克，每千克成本为 1.00 元，计 1 000 元。

（13）6 日，收到东方商场（地址：临江市中山路 32 号；电话：0553 - 2832666；开户银行：中国工商银行中山路办事处；账号：02 - 18513；纳税人识别号：91341007396693020N）转账支票 1 张，偿付所欠账款 20 000 元，存入银行。

（14）6 日，销售给东方商场甲产品 2 000 千克，每千克售价为 1.50 元，计 3 000 元；乙产品 4 000 千克，每千克售价为 1.80 元，计 7 200 元，增值税销项税额为 1 326 元，收到转账支票 1 张，送存银行。

（15）7 日，收到利民公司（地址：临江市利民路 16 号；电话：0553 - 9278992；开户银行：中国工商银行利民路办事处；账号：11 - 72383；纳税人识别号：91341009305295820B）转账支票 1 张，偿付所欠账款 8 000 元；收到博凡公司（地址：临江市弋江路 246 号；电话：0553 - 5218699；开户银行：中国工商银行弋江路办事处；账号：15 - 83091；纳税人识别号：91341002571940038R）转账支票 1 张，偿付所欠账款 4 000 元。两笔账款均存入银行。

（16）7 日，销售给博凡公司丙产品 2 000 千克，每千克售价为 3.00 元，计 6 000 元；丁产品 4 000 千克，每千克售价为 3.50 元，计 14 000 元，增值税销项税额为 2 600 元，收到转账支票 1 张，送存银行。

（17）7日，开出转账支票，偿付华伟材料厂材料款16 000元，临江富民材料公司材料款14 000元。

（18）7日，支付临江日报广告公司广告费。

（19）8日，办公室张丽报销差旅费800元，余额200元交回现金。

（20）8日，生产一车间生产甲产品领用D材料2千克，每千克成本为10元，计20元；生产乙产品领用D材料3千克，每千克成本为10元，计30元。生产二车间生产丙产品领用D材料10千克，每千克成本为10元，计100元；生产丁产品领用D材料10千克，每千克成本为10元，计100元。

（21）8日，向利民公司销售甲产品2 000千克，每千克售价为1.50元，计3 000元；丙产品2 000千克，每千克售价为3.00元，计6 000元，增值税销项税额为1 170元，货款尚未收回。

（22）8日，从临江红星材料厂购进A材料10 000千克，每千克进价为0.98元，计9 800元；B材料10 000千克，每千克进价为1.48元，计14 800元。增值税进项税额为3 198元。货款尚未支付。

（23）8日，向博凡公司销售乙产品1 500千克，每千克售价为1.80元，计2 700元；丁产品1 500千克，每千克售价为3.50元，计5 250元。增值税销项税额为1 033.50元。款项尚未收到。

（24）8日，从临江富民材料公司购进C材料20 000千克，每千克进价为0.38元，计7 600元，增值税进项税额为988元，货款尚未支付。

（25）9日，开出转账支票1张，支付8日所购临江红星材料厂A材料10 000千克、B材料10 000千克以及所购临江富民材料公司C材料20 000千克的运费。按材料重量比例分摊运费，并予以转账。

（26）9日，上述A、B、C三种材料均已验收入库，按材料的实际成本入账。

（27）10日，向东方商场销售乙产品2 500千克，每千克售价为1.80元，计4 500元；丁产品1 200千克，每千克售价为3.50元，计4 200元。增值税销项税额为1 131元。收到转账支票1张，送存银行。

（28）10日，生产一车间生产甲产品领用C材料20 000千克，每千克成本为0.40元，计8 000元；领用A材料400千克，每千克成本为1.00元，计400元。

（29）10日，从临江富民材料公司购进D材料5 000千克，每千克进价为10元，计50 000元，增值税进项税额为6 500元，上述款项以转账支票付讫。材料已由富民材料公司送到，验收入库。

（30）10日，生产一车间生产乙产品领用B材料600千克，每千克成本为1.50元，计900元；领用C材料5 000千克，每千克成本为0.40元，计2 000元。

（31）10日，开出转账支票1张，偿付8日所欠临江红星材料厂购货款27 798元。

（32）11日，从临江红星材料厂购进A材料20 000千克，每千克进价为1.00元，计20 000元；B材料20 000千克，每千克进价为1.50元，计30 000元；增值税进项税额为6 500元。上述款项尚未支付。

8

(33) 11 日,生产二车间生产丙产品领用 B 材料 600 千克,每千克成本为 1.50 元,计 900 元;生产丁产品领用 D 材料 100 千克,每千克成本为 10 元,计 1 000 元。

(34) 12 日,采购科李明出差预借旅费 1 500 元,以现金支票付讫。

(35) 13 日,11 日从红星材料厂购进的 A、B 材料已到达,验收入库,按材料实际成本入账。

(36) 13 日,生产二车间生产丁产品领用 A 材料 10 000 千克,每千克成本为 1.00 元,计 10 000 元;D 材料 60 千克,每千克成本为 10 元,计 600 元。生产丙产品领用 B 材料 9 000 千克,每千克成本为 1.50 元,计 13 500 元。

(37) 13 日,支付职工李平生活困难补助金 800 元。

(38) 13 日,销售给博凡公司甲产品 800 千克,每千克售价为 1.50 元,计 1 200 元;乙产品 800 千克,每千克售价为 1.80 元,计 1 440 元;丙产品 1 200 千克,每千克售价为 3.00 元,计 3 600 元;丁产品 1 600 千克,每千克售价为 3.50 元,计 5 600 元;增值税销项税额为 1 539.20 元,收到转账支票 1 张,送存银行。

(39) 14 日,生产一车间从临江市万家商场购买办公用品 500 元,生产二车间从临江市万家商场购买办公用品 400 元,以现金付讫。

(40) 14 日,发放工资 21 000 元。

(41) 14 日,收到博凡公司 8 日的购货款 8 983.50 元,存入银行。

(42) 15 日,开出转账支票 1 张,偿付 8 日从富民材料公司购货的款项 8 588 元。

(43) 16 日,向博凡公司销售甲产品 2 000 千克,每千克售价为 1.50 元,计 3 000 元;丁产品 1 500 千克,每千克售价为 3.50 元,计 5 250 元;增值税销项税额为 1 072.50 元。收到转账支票 1 张,送存银行。

(44) 16 日,向东方商场销售乙产品 3 000 千克,每千克售价为 1.80 元,计 5 400 元;丙产品 6 000 千克,每千克售价为 3.00 元,计 18 000 元;增值税销项税额为 3 042 元。货款尚未收到。

(45) 16 日,开出转账支票 1 张,偿付 11 日从临江红星材料厂购货的款项 56 500 元。

(46) 16 日,从临江富民材料公司购进 C 材料 40 000 千克,每千克进价为 0.40 元,计 16 000 元;增值税进项税额为 2 080 元。开出转账支票 1 张计 10 000 元,余额下月支付,材料由富民材料公司送到,验收入库。

(47) 18 日,生产一车间生产甲产品领用 C 材料 20 000 千克,每千克成本为 0.40 元,计 8 000 元;生产乙产品领用 C 材料 20 000 千克,每千克成本为 0.40 元,计 8 000 元。

(48) 18 日,从临江红星材料厂购进 A 材料 16 000 千克,每千克进价为 1.00 元,计 16 000 元;B 材料 4 000 千克,每千克进价为 1.50 元,计 6 000 元;增值税进项税额为 2 860 元。上述款项尚未支付,材料已由临江红星材料厂送到,验收入库。

(49) 19 日,生产一车间生产甲产品领用 A 材料 400 千克,每千克成本为 1.00 元,计 400 元;D 材料 16 千克,每千克成本为 10 元,计 160 元。生产乙产品领用 B 材料 600 千克,每千克成本为 1.50 元,计 900 元;D 材料 16 千克,每千克成本为 10 元,计 160 元。

(50) 20 日,生产二车间生产丙产品领用 A 材料 12 000 千克,每千克成本为 1.00 元,计

12 000 元;生产丁产品领用 B 材料 4 000 千克,每千克成本为 1.50 元,计 6 000 元。

(51) 20 日,向利民公司销售丙产品 1 800 千克,每千克售价为 3.00 元,计 5 400 元;丁产品 2 500 千克,每千克售价为 3.50 元,计 8 750 元。增值税销项税额为 1 839.50 元。收到转账支票 1 张,送存银行。

(52) 20 日,收到东方商场转账支票 1 张,偿付 16 日所欠账款 26 442 元,存入银行。

(53) 20 日,向博凡公司销售甲产品 5 000 千克,每千克售价为 1.50 元,计 7 500 元;乙产品 3 000 千克,每千克售价为 1.80 元,计 5 400 元;丙产品 2 000 千克,每千克售价为 3.00 元,计 6 000 元;丁产品 1 500 千克,每千克售价为 3.50 元,计 5 250 元。增值税销项税额为 3 139.50 元。款项尚未收到。

(54) 20 日,生产一车间发放市内交通费 500 元,生产二车间发放市内交通费 600 元,厂部发放市内交通费 200 元,开出现金支票提取现金当即发放。

(55) 21 日,生产二车间生产丙产品领用 A 材料 8 000 千克,每千克成本为 1.00 元,计 8 000 元;B 材料 2 000 千克,每千克成本为 1.50 元,计 3 000 元;D 材料 100 千克,每千克成本为 10 元,计 1 000 元。

(56) 24 日,生产二车间生产丁产品领用 A 材料 1 500 千克,每千克成本为 1.00 元,计 1 500 元;B 材料 5 000 千克,每千克成本为 1.50 元,计 7 500 元;D 材料 200 千克,每千克成本为 10 元,计 2 000 元。

(57) 24 日,向东方商场销售甲产品 2 500 千克,每千克售价为 1.50 元,计 3 750 元;乙产品 2 200 千克,每千克售价为 1.80 元,计 3 960 元;丙产品 2 000 千克,每千克售价为 3.00 元,计 6 000 元;丁产品 2 500 千克,每千克售价为 3.50 元,计 8 750 元。增值税销项税额为 2 919.80 元。价税合计 25 379.80 元。收到转账支票 1 张,计 20 000 元,余款尚未收回。

(58) 24 日,会计部门提取备用金 1 000 元,开出现金支票 1 张。

(59) 25 日,开出转账支票 1 张,向市红十字基金会捐款 2 000 元。

(60) 25 日,收到博凡公司转账支票 1 张,偿付 20 日的购货款 27 289.50 元,送存银行。

(61) 26 日,开出转账支票 1 张,偿付 18 日从临江红星材料厂购货的货款 24 860 元。

(62) 26 日,向利民公司销售甲产品 2 000 千克,每千克售价为 1.50 元,计 3 000 元;乙产品 2 000 千克,每千克售价为 1.80 元,计 3 600 元;丙产品 1 000 千克,每千克售价为 3.00 元,计 3 000 元;丁产品 2 000 千克,每千克售价为 3.50 元,计 7 000 元。增值税销项税额为 2 158 元。款项尚未收到。

(63) 26 日,开出转账支票 2 张,支付电费和水费。电费按电表分配:生产一车间用电 1 600 度,生产二车间用电 2 000 度,厂部用电 600 度;水费按水表分配:生产一车间用水 300 吨,生产二车间用水 350 吨,厂部用水 150 吨。(提示:填制水电费用分配表 2 张)

(64) 27 日,从临江富民材料公司购进 C 材料 4 000 千克,每千克进价为 0.40 元,计 1 600 元;增值税进项税额为 208 元;上述款项以转账支票付讫。材料已由富民材料公司送到,验收入库。

(65) 28 日,从临江红星材料厂购进 A 材料 6 000 千克,每千克进价为 1.00 元,计 6 000 元;增值税进项税额为 780 元;上述款项尚未支付。材料已于当日由红星材料厂送到,验收入库。

(66) 29 日,销售给博凡公司甲产品 8 000 千克,每千克售价为 1.50 元,计 12 000 元;乙产品 8 000 千克,每千克售价为 1.8 元,计 14 400 元;丙产品 6 000 千克,每千克售价为 3.00 元,计 18 000 元;丁产品 6 000 千克,每千克售价为 3.5 元,计 21 000 元。增值税销项税额为 8 502 元。收到转账支票 1 张,共计 73 902 元,送存银行。

(67) 31 日,分配本月工资费用:

生产一车间生产甲产品工人工资	3 420 元
生产一车间生产乙产品工人工资	4 560 元
生产一车间管理人员工资	570 元
生产二车间生产丙产品工人工资	4 902 元
生产二车间生产丁产品工人工资	5 130 元
生产二车间管理人员工资	570 元
厂部管理人员工资	2 368 元
合计	21 520 元

(提示:填制工资费用分配表 1 张,其中,按产品填写生产工人工资、按车间分别填写车间管理人员工资)

(68) 31 日,盘点现金实存金额为 1 240 元,溢余 10 元,原因无法查明。

(69) 31 日,计提本月固定资产折旧费 8 050 元,其中生产一车间 2 930 元,生产二车间 4 120 元,厂部 1 000 元。(提示:填制固定资产折旧计提表 1 张)

(70) 31 日,计提本月短期借款利息。(提示:将应付利息计算表 1 张填制完全)

(71) 31 日,将生产一车间本月发生的制造费用按甲产品和乙产品生产工人的工资比例进行分配。(提示:填制制造费用分配表 1 张)

(72) 31 日,将生产二车间本月发生的制造费用按丙产品和丁产品的生产工人工资比例进行分配。(提示:填制制造费用分配表 1 张)

(73) 31 日,本月生产甲产品 33 750 千克、乙产品 25 000 千克、丙产品 25 721 千克均全部完工,丁产品完工 18 510 千克(生产成本为直接材料 35 687 元、直接人工 5 100 元、制造费用 3 637 元)。上述产品经检验合格,验收入库。(提示:填制产成品入库单 2 张)

(74) 31 日,计算并结转已销产品的生产成本。(提示:填制销售产品生产成本计算表 1 张)

(75) 31 日,计算本月应缴的城市维护建设税和教育费附加。(提示:将应交税费计算表填制完全)

(76) 31 日,结转本月损益。(提示:填制结转利润前收支损益账户余额表)

（六）日新公司 2024 年 7 月份的相关原始凭证（外来原始凭证均已填制，自制原始凭证由学生根据经济业务内容自己填制，见实训材料 8-1-1—实训材料 8-76-1）

✂--✂

实训材料 8-1-1

✂--✂

实训材料 8-2-1　　　　　　**日新公司领料单**

领料单位：一车间　　　　　2024 年 07 月 02 日　　　　　　　发料第　01　号

类别	编号	名称	规格	单位	数量		单价	金额
					请领	实发		
		C 材料		千克	10 000	10 000	0.40	4 000.00
用途		生产甲产品			领料部门		发料部门	
					负责人	领料人	核准人	发料人
						郑进		李强

8

实训材料 8－2－2　　　　　　　　　　日新公司领料单

领料单位：一车间　　　　　　　　2024 年 07 月 02 日　　　　　　　　　发料第　02　号

类别	编号	名称	规格	单位	数量		单价	金额
					请领	实发		
		C 材料		千克	12 000	12 000	0.40	4 800.00

用途	生产乙产品	领料部门		发料部门	
		负责人	领料人	核准人	发料人
			郑进		李强

✂ - ✂

实训材料 8－3－1　　　　　　　　　　日新公司收料单

供货单位：临江红星材料厂　　　　　　　　　　　　　　　凭证编号：

发票编号：　　　　　　　　　2024 年 07 月 02 日　　　　　　收料仓库：

类别	编号	名称	规格	单位	数量		实际成本			
					应收	实收	单价	金额	运费	合计
		B 材料		千克	4 000	4 000	1.48	5 920.00	80.00	6 000.00

主管：　　　　　　记账：　　　　　　仓库保管：　李强　　　　　　经办人：

✂ - ✂

实训材料 8－4－1　　　　　　　　　　日新公司领料单

领料单位：二车间　　　　　　　　2024 年 07 月 02 日　　　　　　　　　发料第　03　号

类别	编号	名称	规格	单位	数量		单价	金额
					请领	实发		
		A 材料		千克	2 800	2 800	1.00	2 800.00

用途	生产丙产品	领料部门		发料部门	
		负责人	领料人	核准人	发料人
			洪新		李强

8

实训材料 8－4－2 　　　　　　**日新公司领料单**

领料单位：二车间　　　　　　2024 年 07 月 02 日　　　　　　　发料第　04　号

类别	编号	名称	规格	单位	数量 请领	数量 实发	单价	金额
		B材料		千克	4 000	4 000	1.50	6 000.00

用途	生产丁产品	领料部门 负责人	领料部门 领料人	发料部门 核准人	发料部门 发料人
			洪新		李强

实训材料 8－5－1 　　　　　　**日新公司借款单**

2024 年 7 月 2 日

借款人姓名	张 丽	部门	办公室
借款金额	（大写）壹仟元整 ￥1000.00		
借款理由	出差		
批准人	王 进	归还时间	

实训材料 8－6－1

8

实训材料 8-7-1

中国工商银行借款凭证（代回单）

2024 年 7 月 5 日

转账日期 2024 年 7 月 5 日

编号 6021

对方科目

借款单位名称	日新公司	贷款账号	05070519	往来账号	26-98098							
借款金额	人民币（大写）壹拾捌万元整				十	万	千	百	十	元	角	分
					1	8	0	0	0	0	0	0

种类	生产周转借款	单位提出期限	自 2024 年 7 月 5 日起至 2025 年 7 月 4 日止	利率	6%
		银行核定期限	自 2024 年 7 月 5 日起至 2025 年 7 月 4 日止		

中国工商银行临江市分行
锦润路办事处
2024-07-05
转讫
(6)

上列借款已收入你单位往来户内

此致

单位（银行签章）

✂ -- ✂

实训材料 8-8-1

电子发票（增值税专用发票）

国家税务总局
安徽省税务局

发票号码：24342000000000005610

开票日期：2024年07月05日

购买方信息	名称： 日新公司			销售方信息	名称： 临江红星材料厂		
	统一社会信用代码/纳税人识别号：91341001012412956K				统一社会信用代码/纳税人识别号：91343001503750861R		

项目名称 规格型号	单位	数量	单价	金额	税率/征收率	税额
*化学原料及制品*A材料	千克	4000	1.00	4000.00	13%	520.00
*化学原料及制品*B材料	千克	8000	1.50	12000.00	13%	1560.00
				¥16000.00		¥2080.00
合　　计						
价税合计（大写）	⊗ 壹万捌仟零捌拾元整			（小写） ¥18080.00		
备注						

开票人： 刘建

8

实训材料 8-8-2

中国工商银行
转账支票存根
10203420
00286641

附加信息

出票日期 **2024 年 07 月 05 日**

收款人：*临江红星材料厂*

金　额：￥18 080.00

用　途：*货款*

单位主管　　会计

付款期限自出票之日起十天

中国工商银行　转账支票

10203420
00286641

出票日期（大写）*贰零贰肆* 年 *零柒* 月 *零伍* 日　　付款行名称：银湖路办事处

收款人：　　　　　　　　　　　　　　　出票人账号：35-47026

人民币
（大写）　*壹万捌仟零捌拾元整*　　　亿千百十万千百十元角分
　　　　　　　　　　　　　　　　　　　￥1 8 0 8 0 0 0

用途：　*货款*　　　　　　　　　密码

上列款项请从　　　　　　　　　　行号
我账户内支付

出票人签章　　　　　　复核　　　记账

"640060: 1032605: 0126050902252525!"

实训材料 8-8-3　　　　　　　　　<u>日新公司收料单</u>

供货单位：*临江红星材料厂*　　　　　　　　　　　　凭证编号：
发票编号：　　　　　　　　　　*2024 年 07 月 05 日*　　收料仓库：

类别	编号	名称	规格	单位	数量		实　际　成　本			
					应收	实收	单价	金额	运费	合计
		A 材料		*千克*	*4 000*	*4 000*	*1.00*	*4 000.00*		*4 000.00*

主管：　　　　记账：　　　　仓库保管：*李　强*　　　经办人：

实训材料 8-8-4　　　　　　　　　<u>日新公司收料单</u>

供货单位：*临江红星材料厂*　　　　　　　　　　　　凭证编号：
发票编号：　　　　　　　　　　*2024 年 07 月 05 日*　　收料仓库：

类别	编号	名称	规格	单位	数量		实　际　成　本			
					应收	实收	单价	金额	运费	合计
		B 材料		*千克*	*8 000*	*8 000*	*1.50*	*12 000.00*		*12 000.00*

主管：　　　　记账：　　　　仓库保管：*李　强*　　　经办人：

8

实训材料 8－9－1

电子发票（增值税专用发票）

发票号码：24342000000000005998

开票日期：2024年07月05日

购买方信息	名称： 日新公司			销售方信息	名称： 临江富民材料公司	
	统一社会信用代码/纳税人识别号： 91341001012412956K				统一社会信用代码/纳税人识别号：91343001347585784F	

项目名称 规格型号	单 位	数 量	单 价	金 额	税率/征收率	税 额
*化学原料及制品*C材料	千克	8000	0.40	3200.00	13%	416.00
合 计				¥3200.00		¥416.00
价税合计（大写）	⊗ 叁仟陆佰壹拾陆元整			（小写）¥3616.00		
备注						

开票人： 周康

实训材料 8－9－2

中国工商银行
转账支票存根
10203420
00286642

附加信息

出票日期 2024年 07 月 05 日

收款人：富民材料公司

金 额：￥3 616.00

用 途：货款

单位主管　会计

中国工商银行 转账支票
10203420
00286642

出票日期（大写）贰零贰肆 年 零柒 月 零伍 日　　付款行名称：银湖路办事处

收款人：　　　　　　　　　　　　　　出票人账号：35-47026

人民币（大写）壹仟陆佰壹拾陆元整　　亿千百十万千百十元角分 ￥3 6 1 6 0 0

用途 货款　　　　　　　　　　　　密码

上列款项请从
我账户内支付　　　　　　　　　　行号

出票人签章　　　　　　　　复核　　记账

⑈640060⑈ 1022605⑈ 0126050902252524⑈

8

实训材料 8－10－1　　　　　　　　日新公司收料单

供货单位：富民材料公司　　　　　　　　　　　　　　　凭证编号：
发票编号：　　　　　　　　2024 年 07 月 06 日　　　　　　　收料仓库：

类别	编号	名称	规格	单位	数量		实际成本			
					应收	实收	单价	金额	运费	合计
		C 材料		千克	8 000	8 000	0.40	3 200.00		3 200.00

主管：　　　　　记账：　　　　　仓库保管：李强　　　　　经办人：

- - - - ✂ - ✂ - - - -

实训材料 8－11－1　　　　　　　　日新公司领料单

领料单位：一车间　　　　　　　2024 年 07 月 06 日　　　　　　　发料第　05　号

类别	编号	名称	规格	单位	数量		单价	金额
					请领	实发		
		A 材料		千克	200	200	1.00	200.00
用途		生产甲产品			领料部门		发料部门	
					负责人	领料人	核准人	发料人
						郑进		李强

- - - - ✂ - ✂ - - - -

实训材料 8－11－2　　　　　　　　日新公司领料单

领料单位：一车间　　　　　　　2024 年 07 月 06 日　　　　　　　发料第　06　号

类别	编号	名称	规格	单位	数量		单价	金额
					请领	实发		
		B 材料		千克	300	300	1.50	450.00
用途		生产乙产品			领料部门		发料部门	
					负责人	领料人	核准人	发料人
						郑进		李强

8

实训材料 8－12－1　　　　　　　　**日新公司领料单**

领料单位：二车间　　　　　　2024 年 07 月 06 日　　　　　　　发料第　07　号

类别	编号	名称	规格	单位	数量		单价	金额
					请领	实发		
		B 材料		千克	1 200	1 200	1.50	1 800.00

用途	生产丙产品	领料部门		发料部门	
		负责人	领料人	核准人	发料人
			洪新		李强

实训材料 8－12－2　　　　　　　　**日新公司领料单**

领料单位：二车间　　　　　　2024 年 07 月 06 日　　　　　　　发料第　08　号

类别	编号	名称	规格	单位	数量		单价	金额
					请领	实发		
		A 材料		千克	1 000	1 000	1.00	1 000.00

用途	生产丁产品	领料部门		发料部门	
		负责人	领料人	核准人	发料人
			洪新		李强

实训材料 8－13－1　　　**中国工商银行　进账单**　（收账通知）**3**

2024 年 07 月 06 日

出票人	全称	东方商场	收款人	全称	日新公司
	账号	02-18513		账号	35-47026
	开户银行	工行中山路办事处		开户银行	工行银湖路办事处

金额	人民币（大写）贰万元整		亿 千 百 十 万 千 百 十 元 角 分 ￥ 2 0 0 0 0 0 0

票据种类	转账支票	票据张数	1
票据号码	00286658		

中国工商银行临江市分行 银湖路办事处 2024-07-06 转讫 (6)

复核　记账　　　　　收款人开户银行签章

此联是收款人开户银行交给收款人的收账通知

8

实训材料 8－14－1

电子发票（增值税专用发票）　　发票号码：　24342000000000006043
　　　　　　　　　　　　　　　　　　开票日期：　2024年07月06日

购买方信息	名称：东方商场			销售方信息	名称：日新公司		
	统一社会信用代码/纳税人识别号：　91341007396693020N				统一社会信用代码/纳税人识别号：　91341001012412956K		

项目名称　　规格型号	单位	数量	单价	金额	税率/征收率	税额
*美容护肤品*甲产品	千克	2000	1.50	3000.00	13%	390.00
*美容护肤品*乙产品	千克	4000	1.80	7200.00	13%	936.00
合　　　计				¥10200.00		¥1326.00
价税合计（大写）	⊗ 壹万壹仟伍佰贰拾陆元整			（小写）¥11526.00		
备注						

开票人：　王东

- - - - ✂ - ✂ - - - - -

实训材料 8－14－2　　中国工商银行　进账单　（收账通知）**3**

2024年 07 月 06 日

出票人	全称	东方商场		收款人	全称	日新公司											
	账号	02-18513			账号	35-47026											
	开户银行	工行中山路办事处			开户银行	工行银湖路办事处											
金额	人民币（大写）	壹万壹仟伍佰贰拾陆元整				亿	千	百	十	万	千	百	十	元	角	分
										¥	1	1	5	2	6	0	0
票据种类	转账支票	票据张数	1												
票据号码		00286660													
				中国工商银行临江市分行　银湖路办事处　2024-07-06　转讫　(6)										
复核　　记账				收款人开户银行签章											

此联是收款人开户银行交给收款人的收账通知

8

实训材料 8 - 15 - 1 　　中国工商银行　进账单 （收账通知） **3**

2024 年 07 月 07 日

出票人	全　称	利民公司		收款人	全　称	日新公司											
	账　号	11 - 72383			账　号	35 - 47026											
	开户银行	工行利民路办事处			开户银行	工行银湖路办事处											
金额	人民币（大写）	捌仟元整			亿	千	百	十	万	千	百	十	元	角	分
									￥	8	0	0	0	0	0
票据种类	转账支票	票据张数	1												
票据号码		00340076		中国工商银行临江市分行 银湖路办事处 2024-07-07 转讫 (6)											
	复核　记账			收款人开户银行签章											

此联是收款人开户银行交给收款人的收账通知

✂ - ✂

实训材料 8 - 15 - 2 　　中国工商银行　进账单 （收账通知） **3**

2024 年 07 月 07 日

出票人	全　称	博凡公司		收款人	全　称	日新公司											
	账　号	15 - 83091			账　号	35 - 47026											
	开户银行	工行弋江路办事处			开户银行	工行银湖路办事处											
金额	人民币（大写）	肆仟元整			亿	千	百	十	万	千	百	十	元	角	分
									￥	4	0	0	0	0	0
票据种类	转账支票	票据张数	1												
票据号码		00562218		中国工商银行临江市分行 银湖路办事处 2024-07-07 转讫 (6)											
	复核　记账			收款人开户银行签章											

此联是收款人开户银行交给收款人的收账通知

8

实训材料 8 - 16 - 1

电子发票（增值税专用发票）

发票号码： 24342000000000006898

开票日期： 2024年07月07日

购买方信息	名称： 博凡公司				销售方信息	名称： 日新公司		
	统一社会信用代码/纳税人识别号： 91341002571940038R					统一社会信用代码/纳税人识别号： 91341001012412956K		

项目名称 规格型号	单 位	数 量	单 价	金 额	税率/征收率	税 额
*美容护肤品*丙产品	千克	2000	3.00	6000.00	13%	780.00
*美容护肤品*丁产品	千克	4000	3.50	14000.00	13%	1820.00
合　　　计				¥20000.00		¥2600.00
价税合计（大写）	⊗ 贰万贰仟陆佰元整			（小写） ¥22600.00		
备注						

开票人： 王东

- - - - - - - - - - ✂ - ✂ - - - - - - - - - -

实训材料 8 - 16 - 2　　　中国工商银行　进账单　（收账通知）**3**

2024 年 07 月 07 日

出票人	全　称	博凡公司		收款人	全　称	日新公司											
	账　号	15 - 83091			账　号	35 - 47026										
	开户银行	工行弋江路办事处			开户银行	工行银湖路办事处										
金额	人民币（大写）　贰万贰仟陆佰元整					亿	千	百	十	万	千	百	十	元	角	分
									¥	2	2	6	0	0	0	0
票据种类	转账支票	票据张数	1													
票据号码		00562219														
复核　　记账					收款人开户银行签章											

中国工商银行临江市分行
银湖路办事处
2024-07-07
转讫
(6)

此联是收款人开户银行交给收款人的收账通知

8

实训材料 8-17-1

中国工商银行
转账支票存根
10203420
00286643

附加信息

出票日期 **2024** 年 **07** 月 **07** 日
收款人: **华伟材料厂**
金　额: **￥16 000.00**
用　途: **货款**

单位主管　　会计

中国工商银行　转账支票　　**10203420**　**00286643**

出票日期(大写) **贰零贰肆** 年 **零柒** 月 **零柒** 日　付款行名称: 银湖路办事处
收款人:　　　　　　　　　　　　　　　出票人账号: 35-47026
人民币(大写) **壹万陆仟元整**　　　　　亿千百十万千百十元角分　**￥1600000**
用途 **货款**　　　　　　　　　　　　　密码
上列款项请从
我账户内支付　　　　　　　　　　　行号
出票人签章　　　　　　　　　复核　　　记账

⑆640060⑆ 1022605⑈ 0126750902252525⑈

实训材料 8-17-2

中国工商银行
转账支票存根
10203420
00286644

附加信息

出票日期 **2024** 年 **07** 月 **07** 日
收款人: **临江富民材料公司**
金　额: **￥14 000.00**
用　途: **货款**

单位主管　　会计

中国工商银行　转账支票　　**10203420**　**00286644**

出票日期(大写) **贰零贰肆** 年 **零柒** 月 **零柒** 日　付款行名称: 银湖路办事处
收款人:　　　　　　　　　　　　　　　出票人账号: 35-47026
人民币(大写) **壹万肆仟元整**　　　　　亿千百十万千百十元角分　**￥1400000**
用途 **货款**　　　　　　　　　　　　　密码
上列款项请从
我账户内支付　　　　　　　　　　　行号
出票人签章　　　　　　　　　复核　　　记账

⑆640060⑆ 1022665⑈ 0126050902252525⑈

实训材料 8-18-1

电子发票（增值税专用发票）

发票号码: 24342000000000007026
开票日期: 2024年07月07日

购买方信息	名称:	日新公司				销售方信息	名称:	临江日报广告公司		
	统一社会信用代码/纳税人识别号:	913410010124 12956K					统一社会信用代码/纳税人识别号:	91343001503921703C		

项目名称	规格型号	单位	数量	单价	金额	税率/征收率	税额
*广告服务*广告服务					1000.00	6%	60.00
					¥1000.00		¥60.00

价税合计(大写)	⊗ 壹仟零陆拾元整	(小写) ¥1060.00

备注	

开票人: 江晶

实训材料 8-18-2

中国工商银行
转账支票存根
10203420
00286645

付款期限自出票之日起十天

附加信息

出票日期 2024年 07月 07日
收款人：临江日报广告公司
金 额：￥1 060.00
用 途：广告费

单位主管　　会计

中国工商银行 转账支票
10203420
00286645

出票日期（大写）贰零贰肆 年 零柒 月 零柒 日　付款行名称：银湖路办事处
收款人：　　　　　　　　　　　出票人账号：35-47026
人民币（大写）壹仟零陆拾元整　　　　　　￥106000
用途 广告费　　　　　密码
上列款项请从　　　　　　行号
我账户内支付
出票人签章　　　　　复核　记账

"640060" 1022605" 012605090 1352525"

实训材料 8-19-1　　日新公司差旅费报销单

报销日期：2024年 7月 8日

姓 名	张丽		出差事由		参加行业年会				
起止日期	起止地点	交通工具	交通费	途中补助	住宿费	住勤补助	杂费	合计	单据
7月3日	临江—北京	火车	200.00	10.00				210.00	1
7月4—5日	住勤				350.00	30.00		380.00	1
7月6日	北京—临江	火车	200.00	10.00				210.00	1
合 计			400.00	20.00	350.00	30.00		800.00	3

合计核销金额（大写）捌佰元整　￥800.00

领导批示：请核报 王进 7月8日

实训材料 8-19-2　　收 款 收 据　　№ 00512056

第三联：记账　　　　　　2024年 07月 08日

今收到 张丽
人民币 贰佰元整 （￥200.00）
系 付出差借款余额

单位盖章　　　会计：　　　出纳：　　　经手人：

实训材料 8 – 20 – 1　　　　　　　　**日新公司领料单**

领料单位：**一车间**　　　　　　*2024 年 07 月 08 日*　　　　　　_____发料第____*09*____号

类别	编号	名称	规格	单位	数　量		单价	金额
					请领	实发		
		D 材料		*千克*	*2*	*2*	*10.00*	*20.00*
用途		*生产甲产品*			领料部门		发料部门	
					负责人	领料人	核准人	发料人
						郑进		*李强*

- - - ✂ - ✂ - - -

实训材料 8 – 20 – 2　　　　　　　　**日新公司领料单**

领料单位：**一车间**　　　　　　*2024 年 07 月 08 日*　　　　　　_____发料第____*10*____号

类别	编号	名称	规格	单位	数　量		单价	金额
					请领	实发		
		D 材料		*千克*	*3*	*3*	*10.00*	*30.00*
用途		*生产乙产品*			领料部门		发料部门	
					负责人	领料人	核准人	发料人
						郑进		*李强*

- - - ✂ - ✂ - - -

实训材料 8 – 20 – 3　　　　　　　　**日新公司领料单**

领料单位：**二车间**　　　　　　*2024 年 07 月 08 日*　　　　　　_____发料第____*11*____号

类别	编号	名称	规格	单位	数　量		单价	金额
					请领	实发		
		D 材料		*千克*	*10*	*10*	*10.00*	*100.00*
用途		*生产丙产品*			领料部门		发料部门	
					负责人	领料人	核准人	发料人
						洪新		*李强*

8

实训材料 8 – 20 – 4　　　　　**日新公司领料单**

领料单位：二车间　　　　　2024 年 07 月 08 日　　　　　＿＿＿＿＿发料第　 12 　号

类别	编号	名称	规格	单位	数　量		单价	金额
					请领	实发		
		D 材料		千克	10	10	10.00	100.00

用途	生产丁产品			领料部门		发料部门	
				负责人	领料人	核准人	发料人
					洪新		李强

- - - ✂ - ✂ - - -

实训材料 8 – 21 – 1

电子发票（增值税专用发票）　　　发票号码：24342000000000007363

开票日期：2024年07月08日

购买方信息	名称： 利民公司	销售方信息	名称： 日新公司
	统一社会信用代码/纳税人识别号：91341009305295820B		统一社会信用代码/纳税人识别号：91341001012412956K

项目名称　规格型号	单位	数量	单价	金额	税率/征收率	税额
*美容护肤品*甲产品	千克	2000	1.50	3000.00	13%	390.00
*美容护肤品*丙产品	千克	2000	3.00	6000.00	13%	780.00
合　　计				¥9000.00		¥1170.00
价税合计（大写）	⊗ 壹万零壹佰柒拾元整			（小写）　¥10170.00		
备注						

开票人： 王东

8

实训材料 8－22－1

电子发票（增值税专用发票）

发票号码：24342000000000007610
开票日期：2024年07月08日

购买方信息	名称：日新公司							
	统一社会信用代码/纳税人识别号：91341001012412956K							

销售方信息	名称：临江红星材料厂
	统一社会信用代码/纳税人识别号：91343001503750861R

项目名称 规格型号	单位	数量	单价	金额	税率/征收率	税额
*化学原料及制品*A材料	千克	10000	0.98	9800.00	13%	1274.00
*化学原料及制品*B材料	千克	10000	1.48	14800.00	13%	1924.00
合　计				¥24600.00		¥3198.00

价税合计（大写）	⊗ 贰万柒仟柒佰玖拾捌元整	（小写）¥27798.00

备注	

开票人：刘建

- - - - ✂ - ✂ - - - -

实训材料 8－23－1

电子发票（增值税专用发票）

发票号码：24342000000000008022
开票日期：2024年07月08日

购买方信息	名称：博凡公司
	统一社会信用代码/纳税人识别号：91341002571940038R

销售方信息	名称：日新公司
	统一社会信用代码/纳税人识别号：91341001012412956K

项目名称 规格型号	单位	数量	单价	金额	税率/征收率	税额
*美容护肤品*乙产品	千克	1500	1.80	2700.00	13%	351.00
*美容护肤品*丁产品	千克	1500	3.50	5250.00	13%	682.50
合　计				¥7950.00		¥1033.50

价税合计（大写）	⊗ 捌仟玖佰捌拾叁元伍角整	（小写）¥8983.50

备注	

开票人：王东

8

实训材料 8－24－1

电子发票（增值税专用发票）

发票号码：24342000000000008165

开票日期：2024年07月08日

购买方信息	名称：日新公司				销售方信息	名称：临江富民材料公司		
	统一社会信用代码/纳税人识别号：91341001012412956K					统一社会信用代码/纳税人识别号：91343001347585784F		

项目名称	规格型号	单 位	数 量	单 价	金 额	税率/征收率	税 额
*化学原料及制品*C材料		千克	20000	0.38	7600.00	13%	988.00
合　　计					¥7600.00		¥988.00

价税合计（大写）	⊗ 捌仟伍佰捌拾捌元整	（小写）¥8588.00

备注	起运地：临江；到达地：临江　　　货物：A材料，B材料，C材料 车种：厢式货车　　　　　　　车号：皖N58924

开票人：周康

实训材料 8－25－1

电子发票（增值税专用发票）

发票号码：24342000000000009022

开票日期：2024年07月08日

购买方信息	名称：日新公司				销售方信息	名称：临江市速达物流公司		
	统一社会信用代码/纳税人识别号：91341001012412956K					统一社会信用代码/纳税人识别号：913430323769031412S		

项目名称	规格型号	单 位	数 量	单 价	金 额	税率/征收率	税 额
*运输服务*陆运货物运输服务					800.00	9%	72.00
合　　计					¥800.00		¥72.00

价税合计（大写）	⊗ 捌佰柒拾贰元整	（小写）¥872.00

备注	起运地：临江；到达地：临江　　　货物：A材料，B材料，C材料 车种：厢式货车　　　　　　　车号：皖N58924

开票人：何杰

8

实训材料 8－25－2

中国工商银行 转账支票存根 **10203420** **00286646**	中国工商银行　转账支票　**10203420** **00286646**

中国工商银行 转账支票

出票日期（大写）贰零贰肆 年 零柒 月 零玖 日　付款行名称：银湖路办事处

收款人：　　　　　　　　　　　　　　出票人账号：35-47026

人民币（大写）捌佰柒拾贰元整　　　　亿千百十万千百十元角分　　7 8 7 2 0 0

用途 运费

上列款项请从

我账户内支付

出票人签章　　　　　　复核　　记账

付款期限自出票之日起十天

"640060": 1022805: 0126050902252525 "

附加信息

出票日期 **2024** 年 **07** 月 **09** 日

收款人：临江市速达物流公司

金额：¥872.00

用途：运费

单位主管　　　会计

实训材料 8－25－3　　　**材料采购费用分配表**　　　金额单位：元

分配对象	分配标准	分配率	分摊额
合　　计			

会计　　　　　　　　复核　　　　　　　　制表

实训材料 8－26－1　　　**日新公司收料单**

供货单位：临江红星材料厂　　　　　　　　　　　　　凭证编号：

发票编号：　　　　　　　　**2024** 年 **07** 月 **09** 日　　　　收料仓库：

类别	编号	名称	规格	单位	数量		实　际　成　本			
					应收	实收	单价	金额	运费	合计
		A材料		千克	10 000	10 000	0.98	9 800.00	200.00	10 000.00

主管：　　　　　记账：　　　　　仓库保管：李强　　　　　经办人：

8

实训材料 8－26－2　　　　　　　　**日新公司收料单**

供货单位：_临江红星材料厂_　　　　　　　　　　凭证编号：

发票编号：　　　　　　　_2024 年 07 月 09 日_　　　　收料仓库：

类别	编号	名称	规格	单位	数量		实　际　成　本			
					应收	实收	单价	金额	运费	合计
		_B 材料_		_千克_	_10 000_	_10 000_	_1.48_	_14 800.00_	_200.00_	_15 000.00_

主管：　　　　　记账：　　　　　仓库保管：_李　强_　　　经办人：

---✂---　　　　　　　　　　　　　　　　　　　　　　　---✂---

实训材料 8－26－3　　　　　　　　**日新公司收料单**

供货单位：_临江富民材料公司_　　　　　　　　　凭证编号：

发票编号：　　　　　　　_2024 年 07 月 09 日_　　　　收料仓库：

类别	编号	名称	规格	单位	数量		实　际　成　本			
					应收	实收	单价	金额	运费	合计
		_C 材料_		_千克_	_20 000_	_20 000_	_0.38_	_7 600.00_	_400.00_	_8 000.00_

主管：　　　　　记账：　　　　　仓库保管：_李　强_　　　经办人：

---✂---　　　　　　　　　　　　　　　　　　　　　　　---✂---

实训材料 8－27－1

电子发票（增值税专用发票）　　发票号码：24342000000000009329

开票日期：2024年07月10日

购买方信息	名称：**东方商场**			销售方信息	名称：**日新公司**		
	统一社会信用代码/纳税人识别号：913410073966930 20N				统一社会信用代码/纳税人识别号：91341001012412956K		

项目名称　　规格型号	单位	数量	单价	金　额	税率/征收率	税　额
*美容护肤品*乙产品	千克	2500	1.80	4500.00	13%	585.00
*美容护肤品*丁产品	千克	1200	3.50	4200.00	13%	546.00
合　　计				¥8700.00		¥1131.00
价税合计（大写）　　　　⊗ 玖仟捌佰叁拾壹元整				（小写）　¥9831.00		
备注						

开票人：**王东**

8

实训材料 8 - 27 - 2　　　　　中国工商银行　进账单　（收账通知）　**3**

2024 年 07 月 10 日

出票人	全　　称	东方商场	收款人	全　　称	日新公司										
	账　　号	02 - 18513		账　　号	35 - 47026										
	开户银行	工行中山路办事处		开户银行	工行银湖路办事处										

金额	人民币（大写）玖仟捌佰叁拾壹元整	亿	千	百	十	万	千	百	十	元	角	分
						￥	9	8	3	1	0	0

票据种类	转账支票	票据张数	1
票据号码		0028765	

中国工商银行临江市分行
银湖路办事处
2024-07-10
转讫
(6)

复核　　记账　　　　　　　　　　　　收款人开户银行签章

实训材料 8 - 28 - 1　　　　　　　日新公司领料单

领料单位：一车间　　　　　　　2024 年 07 月 10 日　　　　　　　发料第　13　号

类别	编号	名称	规格	单位	数量		单价	金额
					请领	实发		
		C 材料		千克	20 000	20 000	0.4	8 000.00

用途	生产甲产品	领料部门		发料部门	
		负责人	领料人	核准人	发料人
			郑进		李强

实训材料 8 - 28 - 2　　　　　　　日新公司领料单

领料单位：一车间　　　　　　　2024 年 07 月 10 日　　　　　　　发料第　14　号

类别	编号	名称	规格	单位	数量		单价	金额
					请领	实发		
		A 材料		千克	400	400	1.00	400.00

用途	生产甲产品	领料部门		发料部门	
		负责人	领料人	核准人	发料人
			郑进		李强

8

实训材料 8－29－1

电子发票（增值税专用发票）

发票号码：24342000000000009866

开票日期：2024年07月10日

购买方信息	名称： 日新公司	销售方信息	名称： 临江富民材料公司
	统一社会信用代码/纳税人识别号： 91341001012412956K		统一社会信用代码/纳税人识别号： 91343001347585784F

项目名称	规格型号	单 位	数 量	单 价	金 额	税率/征收率	税 额
*化学原料及制品*D材料		千克	5000	10.00	50000.00	13%	6500.00
合 计					¥50000.00		¥6500.00
价税合计（大写）	⊗ 伍万陆仟伍佰元整				（小写）¥56500.00		
备注							

开票人： 周康

✂ - ✂

实训材料 8－29－2

中国工商银行
转账支票存根
10203420
00286647

附加信息

出票日期 2024 年 07 月 10 日

收款人：临江富民材料公司

金 额：￥56 500.00

用 途：货款

单位主管　会计

中国工商银行 转账支票

10203420
00286647

出票日期（大写） 贰零贰肆 年 零柒 月 壹拾 日　付款行名称：银湖路办事处

收款人：　　　　　　　　　　　出票人账号：35-47026

	亿	千	百	十	万	千	百	十	元	角	分
人民币（大写） 伍万陆仟伍佰元整				￥	5	6	5	0	0	0	0

用途： 货款　　　　　　　密码

上列款项请从

我账户内支付　　　　　　行号

出票人签章　　　　复核　　　记账

⑈640060⑈1022605⑈ 0126050902332525⑈⑈

8

实训材料 8－29－3　　　　　　　　**日新公司收料单**

供货单位：临江富民材料公司　　　　　　　　　　　　　　凭证编号：

发票编号：　　　　　　　　　2024 年 7 月 10 日　　　　　　收料仓库：

类别	编号	名称	规格	单位	数　量		实　际　成　本			
					应收	实收	单价	金额	运费	合计
		D 材料		千克	5 000	5 000	10.00	50 000.00		50 000.00

主管：　　　　　　记账：　　　　　　仓库保管：李强　　　　　经办人：

实训材料 8－30－1　　　　　　　**日新公司领料单**

领料单位：一车间　　　　　　　2024 年 07 月 10 日　　　　　　发料第　15　号

类别	编号	名称	规格	单位	数　量		单价	金额
					请领	实发		
		B 材料		千克	600	600	1.50	900.00
用途		生产乙产品			领料部门		发料部门	
					负责人	领料人	核准人	发料人
						郑进		李强

实训材料 8－30－2　　　　　　　**日新公司领料单**

领料单位：一车间　　　　　　　2024 年 07 月 10 日　　　　　　发料第　16　号

类别	编号	名称	规格	单位	数　量		单价	金额
					请领	实发		
		C 材料		千克	5 000	5 000	0.40	2 000.00
用途		生产乙产品			领料部门		发料部门	
					负责人	领料人	核准人	发料人
						郑进		李强

8

实训材料 8－31－1

中国工商银行
转账支票存根
10203420
00286648

附加信息

出票日期 **2024** 年 **07** 月 **10** 日

收款人: **临江红星材料厂**

金　额: **￥27 798.00**

用　途: **货款**

单位主管　　会计

中国工商银行　**转账支票**
10203420
00286648

出票日期（大写）**贰零贰肆** 年 **零柒** 月 **壹拾** 日　　付款行名称: **银湖路办事处**

收款人:　　　　　　　　　　　　　　　　出票人账号: 35－47026

人民币
（大写）　**贰万柒仟柒佰玖拾捌元整**　　　　亿千百十万千百十元角分
　　　　　　　　　　　　　　　　　　　　　　￥2 7 7 9 8 0 0

用途　**货款**　　　　　　　　　　　密码

上列款项请从　　　　　　　　　　　行号
我账户内支付

出票人签章　　　　　　　　　复核　　　记账

"640060" 1022605" 0127050902252525⦙"

实训材料 8－32－1

电子发票（增值税专用发票）

发票号码: 24342000000000009903
开票日期: 2024年07月11日

购买方信息	名称:	日新公司					销售方信息	名称:	临江红星材料厂	
	统一社会信用代码/纳税人识别号: 91341001012412956K							统一社会信用代码/纳税人识别号: 91343001503750861R		

项目名称　　　规格型号	单 位	数 量	单 价	金 额	税率/征收率	税 额
*化学原料及制品*A材料	千克	20000	1.00	20000.00	13%	2600.00
*化学原料及制品*B材料	千克	20000	1.50	30000.00	13%	3900.00
合　　计				¥50000.00		¥6500.00
价税合计（大写）　　⊗ 伍万陆仟伍佰元整				（小写）　¥56500.00		
备注						

开票人: **刘建**

实训材料 8－33－1　　　　　　　　日新公司领料单

领料单位：二车间　　　　　　　　2024 年 07 月 11 日　　　　　　　　_____ 发料第 _17_ 号

类别	编号	名称	规格	单位	数　量		单价	金额
					请领	实发		
		B 材料		千克	600	600	1.50	900.00
用途		生产丙产品			领料部门		发料部门	
					负责人	领料人	核准人	发料人
						洪新		李强

✂ - ✂

实训材料 8－33－2　　　　　　　　日新公司领料单

领料单位：二车间　　　　　　　　2024 年 07 月 11 日　　　　　　　　_____ 发料第 _18_ 号

类别	编号	名称	规格	单位	数　量		单价	金额
					请领	实发		
		D 材料		千克	100	100	10.00	1 000.00
用途		生产丁产品			领料部门		发料部门	
					负责人	领料人	核准人	发料人
						洪新		李强

✂ - ✂

8

实训材料 8－34－1　　　　　　　　日新公司借款单

2024 年 7 月 12 日

借款人姓名	李 明	部门	采购科
借款金额	（大写）壹仟伍佰元整　¥1500.00		
借款理由	出差		
批准人	王 进	归还时间	

实训材料 8－34－2

中国工商银行
现金支票存根
10203410
00287392

附加信息

出票日期 2024年 07月 12日
收款人 李明
金 额：￥1 500.00
用 途：出差借款
单位主管　　　会计

中国工商银行　现金支票　**10203410　00287392**

出票日期（大写）贰零贰肆 年 零柒 月 壹拾贰 日　付款行名称：银湖路办事处
收款人：　　　出票人账号：35－47026
人民币（大写）壹仟伍佰元整　￥150000
用途 出差借款　　　密码
上列款项请从
我账户内支付
出票人签章　　　复核　　记账

"640060": 1027805": 0126050902252525"

✂ - - - - - - - - - - - ✂

实训材料 8－35－1　　　　日新公司收料单

供货单位：红星材料厂　　　　　　　　凭证编号：
发票编号：　　　　2024年 07月 13日　　　收料仓库：

类别	编号	名称	规格	单位	应收	实收	单价	金额	运费	合计
		A材料		千克	20 000	20 000	1.00	20 000.00		20 000.00

主管：　　　记账：　　　仓库保管：李强　　　经办人：

✂ - - - - - - - - - - - ✂

实训材料 8－35－2　　　　日新公司收料单

供货单位：红星材料厂　　　　　　　　凭证编号：
发票编号：　　　　2024年 07月 13日　　　收料仓库：

类别	编号	名称	规格	单位	应收	实收	单价	金额	运费	合计
		B材料		千克	20 000	20 000	1.50	30 000.00		30 000.00

主管：　　　记账：　　　仓库保管：李强　　　经办人：

8

实训材料 8 - 36 - 1　　　　　　　　　**日新公司领料单**

领料单位：二车间　　　　　　　　　　*2024 年 07 月 13 日*　　　　　　　　　　发料第　*19*　号

类别	编号	名称	规格	单位	数　量		单价	金额
					请领	实发		
		A 材料		*千克*	*10 000*	*10 000*	*1.00*	*10 000.00*
用途		*生产丁产品*			领料部门		发料部门	
					负责人	领料人	核准人	发料人
						洪新		*李强*

✂ - ✂

实训材料 8 - 36 - 2　　　　　　　　　**日新公司领料单**

领料单位：二车间　　　　　　　　　　*2024 年 07 月 13 日*　　　　　　　　　　发料第　*20*　号

类别	编号	名称	规格	单位	数　量		单价	金额
					请领	实发		
		D 材料		*千克*	*60*	*60*	*10.00*	*600.00*
用途		*生产丁产品*			领料部门		发料部门	
					负责人	领料人	核准人	发料人
						洪新		*李强*

✂ - ✂

实训材料 8 - 36 - 3　　　　　　　　　**日新公司领料单**

领料单位：二车间　　　　　　　　　　*2024 年 07 月 13 日*　　　　　　　　　　发料第　*21*　号

类别	编号	名称	规格	单位	数　量		单价	金额
					请领	实发		
		B 材料		*千克*	*9 000*	*9 000*	*1.50*	*13 500.00*
用途		*生产丙产品*			领料部门		发料部门	
					负责人	领料人	核准人	发料人
						洪新		*李强*

8

实训材料 8－37－1

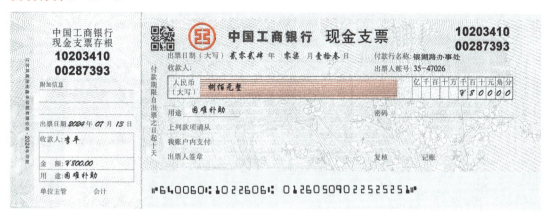

中国工商银行
现金支票存根
10203410
00287393

附加信息

出票日期 2024 年 07 月 13 日
收款人：李平
金　额：￥800.00
用　途：困难补助

单位主管　　会计

中国工商银行　现金支票
10203410
00287393

出票日期（大写）贰零贰肆 年　零柒 月壹拾叁 日　　付款行名称：银潮路办事处
收款人：　　　　　　　　　　　　　出票人账号：35－47026

人民币
（大写）　捌佰元整　　　　　　　　　　　亿千百十万千百十元角分
　　　　　　　　　　　　　　　　　　　　　　　　　　　￥80000

用途　困难补助　　　　　　　　　　　密码

上列款项请从
我账户内支付
出票人签章　　　　　　　　　　复核　　　记账

"640060": 10 22606": 0126050902252525 1"

实训材料 8－37－2

领　条

今收到

生活困难补助金捌佰元整（￥800.00）。

领款人：李平
2024 年 7 月 13 日

实训材料 8－38－1

教学用

电子发票（增值税专用发票）

发票号码：　24342000000000010264
开票日期：　2024年07月13日

购买方信息	名称：	博凡公司			销售方信息	名称：	日新公司		
	统一社会信用代码/纳税人识别号：913410025719400038R					统一社会信用代码/纳税人识别号：91341001012412956K			

项目名称	规格型号	单位	数量	单价	金额	税率/征收率	税额
*美容护肤品*甲产品		千克	800	1.50	1200.00	13%	156.00
*美容护肤品*乙产品		千克	800	1.80	1440.00	13%	187.20
*美容护肤品*丙产品		千克	1200	3.00	3600.00	13%	468.00
*美容护肤品*丁产品		千克	1600	3.50	5600.00	13%	728.00
合　计					￥11840.00		￥1539.20
价税合计（大写）	⊗ 壹万叁仟叁佰柒拾玖元贰角整					（小写）￥13379.20	
备注							

开票人：　王东

8

实训材料 8 - 38 - 2　　　　中国工商银行　进账单（收账通知）　**3**

2024 年 07 月 13 日

出票人	全　称	博凡公司	收款人	全　称	日新公司
	账　号	15 - 83091		账　号	35 - 47026
	开户银行	工行弋江路办事处		开户银行	工行银湖路办事处

金额	人民币（大写）壹万叁仟叁佰柒拾玖元贰角整	亿	千	百	十	万	千	百	十	元	角	分
					¥	1	3	3	7	9	2	0

票据种类	转账支票	票据张数	1
票据号码	00563022		

中国工商银行临江市分行
银湖路办事处
2024-07-13
转讫
(6)

复核　　记账　　　　　　　　　　　　　收款人开户银行签章

此联是收款人开户银行交给收款人的收账通知

✄ - ✄

实训材料 8 - 39 - 1

电子发票（增值税专用发票）

发票号码：24342000000000011087
开票日期：2024年7月14日

购买方信息	名称：	日新公司	销售方信息	名称：	临江市万家商场
	统一社会信用代码/纳税人识别号：91341001012412956K			统一社会信用代码/纳税人识别号：91341001012367120B	

项目名称	规格型号	单位	数量	单价	金额	税率/征收率	税额
*印刷品*用于书写本册					194.17	3%	5.83
*文具*圆珠笔					291.26	3%	8.74
合　　计					¥485.43		¥14.57
价税合计（大写）	⊗伍佰元整				（小写）¥500.00		
备注							

开票人：李湘

实训材料 8－39－2

电子发票（增值税专用发票）

发票号码：24342000000000011088

开票日期：2024年7月14日

购买方信息	名称： 日新公司		销售方信息	名称： 临江市万家商场	
	统一社会信用代码/纳税人识别号： 91341001012412956K			统一社会信用代码/纳税人识别号： 91341001012367120B	

项目名称	规格型号	单位	数量	单价	金额	税率/征收率	税额
*印刷品*用于书写本册					194.17	3%	5.83
*文具*圆珠笔					194.17	3%	5.83
合　　计					¥388.34		¥11.66
价税合计（大写）	⊗肆佰元整				（小写）¥400.00		
备注							

开票人： 李湘

实训材料 8－40－1

日新公司工资结算明细表

2024 年 07 月 14 日

姓　名	标准工资	补　贴	实　发　数	签　名
郑 伟	3 500.00	50.00	3 550.00	郑 伟
张 丽	3 550.00	50.00	3 600.00	张 丽
王 新 民	3 450.00	50.00	3 500.00	王 新 民
合　计	39 000.00	2 000.00	41 000.00	

实训材料 8－40－2　　中国工商银行　网上银行电子回单

电子回单号码：0000041231994804436

付款方	户　名	日新公司		收款人	户　名	
	账　号	35－47026			账　号	
	开户行	工商银行银湖路办事处			开户行	
币种		人民币		交易渠道		
金额（小写）		41000.00		金额（大写）		肆万壹仟元整
交易时间		2024－07－14　14:58:08		会计日期		202407
附言		发工资				

8

实训材料 8－41－1　　　　**中国工商银行　进账单**　（收账通知）　**3**

2024 年 07 月 14 日

出票人	全　称	博凡公司	收款人	全　称	日新公司
	账　号	15－83091		账　号	35－47026
	开户银行	工行弋江路办事处		开户银行	工行银湖路办事处

金额	人民币（大写）	捌仟玖佰捌拾叁元伍角整	亿	千	百	十	万	千	百	十	元	角	分
							￥	8	9	8	3	5	0

票据种类	转账支票	票据张数	1
票据号码		00563763	

中国工商银行临江市分行
银湖路办事处
2024－07－14
转讫
(6)

复核　　记账

收款人开户银行签章

实训材料 8－42－1

中国工商银行
转账支票存根
10203420
00286649

附加信息

出票日期 2024 年 07 月 15 日
收款人：富民材料公司
金　额：￥8 588.00
用　途：货款
单位主管　　会计

中国工商银行　转账支票
10203420
00286649

出票日期（大写）　贰零贰肆 年　零柒 月　壹拾伍 日
收款人：
付款行名称：银湖路办事处
出票人账号：35－47026

人民币（大写）	捌仟伍佰捌拾捌元整	亿	千	百	十	万	千	百	十	元	角	分
						￥	8	5	8	8	0	0

付款期限自出票之日起十天

用途：货款
上列款项请从
我账户内支付
出票人签章

密码
行号
复核　　记账

⑈540060⑈ 1022605⑈ 0126050902252525⑈

8

实训材料 8-43-1

电子发票（增值税专用发票）

发票号码： 24342000000000011198
开票日期： 2024年07月16日

购买方信息	名称： 博凡公司					销售方信息	名称： 日新公司		
	统一社会信用代码/纳税人识别号： 91341002571940038R						统一社会信用代码/纳税人识别号： 91341001012412956K		

项目名称	规格型号	单位	数量	单价	金额	税率/征收率	税额
*美容护肤品*甲产品		千克	2000	1.50	3000.00	13%	390.00
*美容护肤品*丁产品		千克	1500	3.50	5250.00	13%	682.50
合 计					¥8250.00		¥1072.50
价税合计（大写）	⊗ 玖仟叁佰贰拾贰元伍角整				（小写） ¥9322.50		
备注							

开票人： 王东

- - - ✂ - ✂ - - -

实训材料 8-43-2　　中国工商银行　进账单　（收账通知）　**3**

2024 年 07 月 16 日

出票人	全 称	博凡公司		收款人	全 称	日新公司	
	账 号	15-83091			账 号	35-47026	
	开户银行	工行弋江路办事处			开户银行	工行银湖路办事处	

金额	人民币（大写） 玖仟叁佰贰拾贰元伍角整	亿	千	百	十	万	千	百	十	元	角	分
						￥	9	3	2	2	5	0

票据种类	转账支票	票据张数	1
票据号码	00564021		

中国工商银行临江市分行
银湖路办事处
2024-07-16
转讫
(6)

收款人开户银行签章

复核　　记账

8

实训材料 8-44-1

电子发票（增值税专用发票）

发票号码：24342000000000012035
开票日期：2024年07月16日

购买方信息	名称：东方商场		销售方信息	名称：日新公司		
	统一社会信用代码/纳税人识别号：91341007396693020N			统一社会信用代码/纳税人识别号：91341001012412956K		

项目名称	规格型号	单位	数量	单价	金额	税率/征收率	税额
*美容护肤品*乙产品		千克	3000	1.80	5400.00	13%	702.00
*美容护肤品*丙产品		千克	6000	3.00	18000.00	13%	2340.00
合　计					¥23400.00		¥3042.00
价税合计（大写）	⊗ 贰万陆仟肆佰肆拾贰元整				（小写）¥26442.00		
备注							

开票人：　王东

✂- ✂- - -

实训材料 8-45-1

中国工商银行
转账支票存根
10203420
00286650

附加信息

出票日期 2024年 07月 16日
收款人：临江红星材料厂
金　额：￥56500.00
用　途：货款

单位主管　　会计

中国工商银行　转账支票
10203420
00286650

出票日期（大写） 贰零贰肆 年 零柒 月壹拾陆 日
收款人：
付款行名称：银湖路办事处
出票人账号：35-47026

人民币
（大写） 伍万陆仟伍佰元整　　　　　￥56500000

用途：货款
密码：
上列款项请从
我账户内支付
行号：
出票人签章　　　　　复核　　　记账

付款期限自出票之日起十天

⑈645560⑆10226050⑈ 0126050902252525⑉

实训材料 8－46－1

电子发票（增值税专用发票）

发票号码：24342000000000012100

开票日期：2024年07月16日

购买方信息	名称：日新公司		销售方信息	名称：临江富民材料公司		
	统一社会信用代码/纳税人识别号：91341001012412956K			统一社会信用代码/纳税人识别号：91343001347585784F		

项目名称	规格型号	单位	数量	单价	金 额	税率/征收率	税 额
*化学原料及制品*C材料		千克	40000	0.40	16000.00	13%	2080.00
合 计					¥16000.00		¥2080.00
价税合计（大写）	⊗ 壹万捌仟零捌拾元整				（小写）¥18080.00		
备注							

开票人： 周康

- - - ✂ - ✂ - - -

实训材料 8－46－2

中国工商银行
转账支票存根
10203420
00286651

附加信息

出票日期 2024 年 07 月 16 日
收款人：临江富民材料公司
金 额：￥10 000.00
用 途：货款

单位主管　　会计

中国工商银行　转账支票　10203420　00286651

出票日期（大写） 贰零贰肆 年 零柒 月 壹拾陆 日　付款行名称 银湖路办事处

收款人：　　　　　　　　　　　出票人账号：35－47026

人民币（大写） 壹万元整　亿千百十万千百十元角分 ￥1000000

用途 货款　　　　　　　　　　密码

上列款项请从　　　　　　　　行号

我账户内支付

出票人签章　　　　复核　　记账

‖640060‖1023505‖ 0126050902252525‖

8

实训材料 8－46－3　　　　　**日新公司收料单**

供货单位：临江富民材料公司　　　　　　　　　　　　凭证编号：
发票编号：　　　　　　　　2024 年 07 月 16 日　　　收料仓库：

类别	编号	名称	规格	单位	数量		实 际 成 本			
					应收	实收	单价	金额	运费	合计
		C 材料		千克	40 000	40 000	0.40	16 000.00		16 000.00

主管：　　　　　记账：　　　　　仓库保管： 李强　　　　　经办人：

- - - ✄ - ✄ - - -

实训材料 8－47－1　　　　　**日新公司领料单**

领料单位：一车间　　　　　　2024 年 07 月 18 日　　　　　发料第　22　号

类别	编号	名称	规格	单位	数量		单价	金额
					请领	实发		
		C 材料		千克	20 000	20 000	0.40	8 000.00
用途		生产甲产品			领料部门		发料部门	
					负责人	领料人	核准人	发料人
						郑进		李强

- - - ✄ - ✄ - - -

实训材料 8－47－2　　　　　**日新公司领料单**

领料单位：一车间　　　　　　2024 年 07 月 18 日　　　　　发料第　23　号

类别	编号	名称	规格	单位	数量		单价	金额
					请领	实发		
		C 材料		千克	20 000	20 000	0.40	8 000.00
用途		生产乙产品			领料部门		发料部门	
					负责人	领料人	核准人	发料人
						郑进		李强

8

实训材料 8－48－1

电子发票（增值税专用发票）

发票号码: 24342000000000012346
开票日期: 2024年07月18日

购买方信息	名称：日新公司					销售方信息	名称：临江红星材料厂		
	统一社会信用代码/纳税人识别号：91341001012412956K						统一社会信用代码/纳税人识别号：91343001503750861R		

项目名称	规格型号	单位	数量	单价	金额	税率/征收率	税额
*化学原料及制品*A材料		千克	16000	1.00	16000.00	13%	2080.00
*化学原料及制品*B材料		千克	4000	1.50	6000.00	13%	780.00
合　　　计					¥22000.00		¥2860.00
价税合计（大写）	⊗ 贰万肆仟捌佰陆拾元整				（小写）　¥24860.00		
备注							

开票人：刘建

———— ✂ ————————————————————————————————————— ✂ ————

实训材料 8－48－2

<u>日新公司收料单</u>

供货单位：临江红星材料厂
发票编号：

2024年 07月 18日

凭证编号：
收料仓库：

类别	编号	名称	规格	单位	数量		实际成本			
					应收	实收	单价	金额	运费	合计
		A材料		千克	16 000	16 000	1.00	16 000.00		16 000.00

主管：　　　　记账：　　　　仓库保管：李强　　　　经办人：

8

实训材料 8－48－3　　　　　　　　　　　**日新公司收料单**

供货单位：临江红星材料厂　　　　　　　　　　　　　　　凭证编号：

发票编号：　　　　　　　　　　　*2024* 年 *07* 月 *18* 日　　　　　　　收料仓库：

类别	编号	名称	规格	单位	数量		实际成本			
					应收	实收	单价	金额	运费	合计
		B 材料		千克	4 000	4 000	1.50	6 000.00		6 000.00

主管：　　　　　记账：　　　　　仓库保管：李强　　　　　经办人：

- - - ✂ - ✂ - - -

实训材料 8－49－1　　　　　　　　　　　**日新公司领料单**

领料单位：一车间　　　　　　　　　　*2024* 年 *07* 月 *19* 日　　　　　　　发料第　*24*　号

类别	编号	名称	规格	单位	数量		单价	金额
					请领	实发		
		A 材料		千克	400	400	1.00	400.00

用途	生产甲产品	领料部门		发料部门	
		负责人	领料人	核准人	发料人
			郑进		李强

- - - ✂ - ✂ - - -

实训材料 8－49－2　　　　　　　　　　　**日新公司领料单**

领料单位：一车间　　　　　　　　　　*2024* 年 *07* 月 *19* 日　　　　　　　发料第　*25*　号

类别	编号	名称	规格	单位	数量		单价	金额
					请领	实发		
		D 材料		千克	16	16	10.00	160.00

用途	生产甲产品	领料部门		发料部门	
		负责人	领料人	核准人	发料人
			郑进		李强

8

实训材料 8 - 49 - 3　　　　　　　　**日新公司领料单**

领料单位：一车间　　　　　　　2024 年 07 月 19 日　　　　　　　　发料第　26　号

类别	编号	名称	规格	单位	数量		单价	金额
					请领	实发		
		B 材料		千克	600	600	1.50	900.00

用途	生产乙产品	领料部门		发料部门	
		负责人	领料人	核准人	发料人
			郑进		李强

实训材料 8 - 49 - 4　　　　　　　　**日新公司领料单**

领料单位：一车间　　　　　　　2024 年 07 月 19 日　　　　　　　　发料第　27　号

类别	编号	名称	规格	单位	数量		单价	金额
					请领	实发		
		D 材料		千克	16	16	10.00	160.00

用途	生产乙产品	领料部门		发料部门	
		负责人	领料人	核准人	发料人
			郑进		李强

实训材料 8 - 50 - 1　　　　　　　　**日新公司领料单**

领料单位：二车间　　　　　　　2024 年 07 月 20 日　　　　　　　　发料第　28　号

类别	编号	名称	规格	单位	数量		单价	金额
					请领	实发		
		A 材料		千克	12 000	12 000	1.00	12 000.00

用途	生产丙产品	领料部门		发料部门	
		负责人	领料人	核准人	发料人
			洪新		李强

8

实训材料 8－50－2　　　　　　**日新公司领料单**

领料单位：**二车间**　　　　　　2024 年 07 月 20 日　　　　　　　　领料第　**29**　号

类别	编号	名称	规格	单位	数　量		单价	金额
					请领	实发		
		B材料		千克	4 000	4 000	1.50	6 000.00

用途	生产丁产品			领料部门		发料部门	
				负责人	领料人	核准人	发料人
					洪新		李强

实训材料 8－51－1

电子发票（增值税专用发票）　　　发票号码：24342000000000013278

　　　　　　　　　　　　　　　　开票日期：2024年07月20日

购买方信息	名称：　**利民公司**	销售方信息	名称：　**日新公司**
	统一社会信用代码/纳税人识别号：91341009305295820B		统一社会信用代码/纳税人识别号：91341001012412956K

项目名称	规格型号	单位	数量	单价	金　额	税率/征收率	税　额
*美容护肤品*丙产品		千克	1800	3.00	5400.00	13%	702.00
*美容护肤品*丁产品		千克	2500	3.50	8750.00	13%	1137.50
合　　计					¥14150.00		¥1839.50
价税合计（大写）	⊗壹万伍仟玖佰捌拾玖元伍角整			（小写）¥15989.50			
备注							

开票人：　王东

实训材料 8－51－2　　中国工商银行　进账单　（收账通知）　**3**

2024 年 07 月 20 日

出票人	全 称	利民公司	收款人	全 称	日新公司
	账 号	11－72383		账 号	35－47026
	开户银行	工行利民路办事处		开户银行	工行银湖路办事处

金额	人民币（大写）	壹万伍仟玖佰捌拾玖元伍角整	亿 千 百 十 万 千 百 十 元 角 分
			￥ 1 5 9 8 9 5 0

票据种类	转账支票	票据张数	1
票据号码		00340835	

中国工商银行临江市分行
银湖路办事处
2024－07－20
转 讫
(6)

复核　记账　　　　收款人开户银行签章

此联是收款人开户银行交给收款人的收账通知

- - - ✂ - - - - - - - - - - - - - - - ✂ - - -

实训材料 8－52－1　　中国工商银行　进账单　（收账通知）　**3**

2024 年 07 月 20 日

出票人	全 称	东方商场	收款人	全 称	日新公司
	账 号	02－18513		账 号	35－47026
	开户银行	工行中山路办事处		开户银行	工行银湖路办事处

金额	人民币（大写）	贰万陆仟肆佰肆拾贰元整	亿 千 百 十 万 千 百 十 元 角 分
			￥ 2 6 4 4 2 0 0

票据种类	转账支票	票据张数	1
票据号码		00287822	

中国工商银行临江市分行
银湖路办事处
2024－07－20
转 讫
(6)

复核　记账　　　　收款人开户银行签章

此联是收款人开户银行交给收款人的收账通知

8

实训材料 8 - 53 - 1

电子发票（增值税专用发票）

发票号码：24342000000000013296
开票日期：2024年07月20日

购买方信息	名称：博凡公司			销售方信息	名称：日新公司		
	统一社会信用代码/纳税人识别号：91341002571940038R				统一社会信用代码/纳税人识别号：91341001012412956K		

项目名称　　规格型号	单位	数量	单价	金额	税率/征收率	税额
*美容护肤品*甲产品	千克	5000	1.50	7500.00	13%	975.00
*美容护肤品*乙产品	千克	3000	1.80	5400.00	13%	702.00
*美容护肤品*丙产品	千克	2000	3.00	6000.00	13%	780.00
*美容护肤品*丁产品	千克	1500	3.50	5250.00	13%	682.50
合　　计				¥24150.00		¥3139.50

价税合计（大写）	⊗贰万柒仟贰佰捌拾玖元伍角整	（小写）¥27289.50

备注	

开票人：王东

✂ - ✂

实训材料 8 - 54 - 1　　**日新公司 7 月份交通费发放表**

2024 年 7 月 20 日

部　门	金　额	领款人签名	审核意见
一车间	500	王海	同意
二车间	600	张洪	
厂部	200	李明	王进 2024.7.20
合　计	1300		

✂ - ✂

实训材料 8 - 54 - 2

中国工商银行
现金支票存根
10203410
00287395

附加信息

出票日期 2024 年 07 月 20 日
收款人：日新公司
金　额：¥1300.00
用　途：提现发放交通费

单位主管　　会计

中国工商银行　现金支票
10203410
00287395

出票日期（大写）贰零贰肆 年 零柒 月 贰拾 日
收款人：
付款行名称：银湖路办事处
出票人账号：35-47026

人民币（大写）壹仟叁佰元整
¥130000

用途：提现发放交通费
上列款项请从
我账户内支付
出票人签章

密码

复核　　记账

付款期限自出票之日起十天

"640060: 103605: 0126050902252525⌐"

8

实训材料 8－55－1　　　　　　　　日新公司领料单

领料单位：二车间　　　　　　　　2024年07月21日　　　　　　　　发料第　30　号

类别	编号	名称	规格	单位	数量 请领	数量 实发	单价	金额
		A材料		千克	8 000	8 000	1.00	8 000.00

用途	生产丙产品	领料部门 负责人	领料部门 领料人	发料部门 核准人	发料部门 发料人
			洪新		李强

✂ - ✂

实训材料 8－55－2　　　　　　　　日新公司领料单

领料单位：二车间　　　　　　　　2024年07月21日　　　　　　　　发料第　31　号

类别	编号	名称	规格	单位	数量 请领	数量 实发	单价	金额
		B材料		千克	2 000	2 000	1.50	3 000.00

用途	生产丙产品	领料部门 负责人	领料部门 领料人	发料部门 核准人	发料部门 发料人
			洪新		李强

✂ - ✂

实训材料 8－55－3　　　　　　　　日新公司领料单

领料单位：二车间　　　　　　　　2024年07月21日　　　　　　　　发料第　32　号

类别	编号	名称	规格	单位	数量 请领	数量 实发	单价	金额
		D材料		千克	100	100	10.00	1 000.00

用途	生产丙产品	领料部门 负责人	领料部门 领料人	发料部门 核准人	发料部门 发料人
			洪新		李强

8

实训材料 8-56-1　　　　　　　　　　**日新公司领料单**

领料单位：二车间　　　　　　　　　2024 年 07 月 24 日　　　　　　　发料第　33　号

类别	编号	名称	规格	单位	数 量		单价	金额
					请领	实发		
		A 材料		千克	1 500	1 500	1.00	1 500.00
用途		生产丁产品			领料部门		发料部门	
					负责人	领料人	核准人	发料人
						洪新		李强

- - - ✂ - ✂ - - -

实训材料 8-56-2　　　　　　　　　　**日新公司领料单**

领料单位：二车间　　　　　　　　　2024 年 07 月 24 日　　　　　　　发料第　34　号

类别	编号	名称	规格	单位	数 量		单价	金额
					请领	实发		
		B 材料		千克	5 000	5 000	1.50	7 500.00
用途		生产丁产品			领料部门		发料部门	
					负责人	领料人	核准人	发料人
						洪新		李强

- - - ✂ - ✂ - - -

实训材料 8-56-3　　　　　　　　　　**日新公司领料单**

领料单位：二车间　　　　　　　　　2024 年 07 月 24 日　　　　　　　发料第　35　号

类别	编号	名称	规格	单位	数 量		单价	金额
					请领	实发		
		D 材料		千克	200	200	10.00	2 000.00
用途		生产丁产品			领料部门		发料部门	
					负责人	领料人	核准人	发料人
						洪新		李强

8

实训材料 8－57－1

电子发票（增值税专用发票）

发票号码：　24342000000000013287

开票日期：　2024年07月24日

购买方信息	名称：东方商场				销售方信息	名称：日新公司		
	统一社会信用代码/纳税人识别号：91341007396693020N					统一社会信用代码/纳税人识别号：91341001012412956K		

项目名称	规格型号	单位	数量	单价	金额	税率/征收率	税额
*美容护肤品*甲产品		千克	2500	1.50	3750.00	13%	487.50
*美容护肤品*乙产品		千克	2200	1.80	3960.00	13%	514.80
*美容护肤品*丙产品		千克	2000	3.00	6000.00	13%	780.00
*美容护肤品*丁产品		千克	2500	3.50	8750.00	13%	1137.50
合　计					¥22460.00		¥2919.80
价税合计（大写）	⊗ 贰万伍仟叁佰柒拾玖元捌角整				（小写）¥25379.80		
备注							

开票人：王东

---✂--------------------✂---

实训材料 8－57－2　　中国工商银行　进账单　（收账通知）　**3**

2024年 07月 24日

出票人	全称	东方商场	收款人	全称	日新公司
	账号	02－18513		账号	35－47026
	开户银行	工行中山路办事处		开户银行	工行银湖路办事处

金额	人民币（大写）贰万元整	亿	千	百	十	万	千	百	十	元	角	分
					¥	2	0	0	0	0	0	0

票据种类	转账支票	票据张数	1
票据号码	00288003		

复核　记账

收款人开户银行签章

此联是收款人开户银行交给收款人的收账通知

8

实训材料 8－58－1

实训材料 8－59－1

实训材料 8－59－2

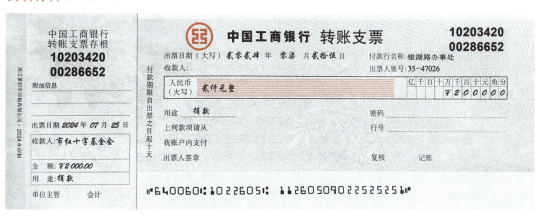

安徽省民间组织专用收据
安徽省
2024年7月25日　　　　　　　No 51013398
财政部监制

交款单位（或个人）：日新公司		支付方式：转账							
收 入 项 目	标　准	金　额							
		十	万	千	百	十	元	角	分
1. 会费									
2. 捐赠、资助				2	0	0	0	0	0
3. 代收代办收款									
合　计			￥	2	0	0	0	0	0
人民币大写：贰仟元整									

单位（公章）：　　　　　　财务专用章　　经办人：卢萍　　　　负责人：

第二联 收据联

8

实训材料 8-60-1　　*中国工商银行*　进账单　（收账通知）　**3**

2024 年 07 月 25 日

出票人	全　称	博凡公司	收款人	全　称	日新公司
	账　号	15-83091		账　号	35-47026
	开户银行	工行弋江路办事处		开户银行	工行银湖路办事处

金额	人民币（大写）贰万柒仟贰佰捌拾玖元伍角整	亿	千	百	十	万	千	百	十	元	角	分
					￥	2	7	2	8	9	5	0

票据种类	转账支票	票据张数	1
票据号码		00564090	

复核　记账

收款人开户银行签章

此联是收款人开户银行交给收款人的收账通知

✂ - ✂

实训材料 8-61-1

中国工商银行
转账支票存根
10203420
00286653

附加信息

出票日期 2024 年 07 月 26 日
收款人：临江红星材料厂
金　额：￥24860.00
用　途：货款

单位主管　会计

付款期限自出票之日起十天

🏦 **中国工商银行 转账支票**　**10203420**　**00286653**

出票日期（大写）贰零贰肆 年 零柒 月贰拾陆 日　付款行名称：银湖路办事处
收款人：　　　　　　　　　　　　　　出票人账号：35-47026

人民币（大写）	贰万肆仟捌佰陆拾元整	亿	千	百	十	万	千	百	十	元	角	分
					￥	2	4	8	6	0	0	0

用途：货款
上列款项请从
我账户内支付
出票人签章

密码
行号
复核　记账

⑈640060⑈102⑈205⑈ 0⑈260509022525251⑈

8

实训材料 8－62－1

电子发票（增值税专用发票）

发票号码：24342000000000014023

开票日期：2024年07月26日

购买方信息	名称：	利民公司				销售方信息	名称：	日新公司		
	统一社会信用代码/纳税人识别号：91341009305295820B						统一社会信用代码/纳税人识别号：91341001012412956K			

项目名称	规格型号	单位	数量	单价	金额	税率/征收率	税额
*美容护肤品*甲产品		千克	2000	1.50	3000.00	13%	390.00
*美容护肤品*乙产品		千克	2000	1.80	3600.00	13%	468.00
*美容护肤品*丙产品		千克	1000	3.00	3000.00	13%	390.00
*美容护肤品*丁产品		千克	2000	3.50	7000.00	13%	910.00
合　计					¥16600.00		¥2158.00
价税合计（大写）		⊗壹万捌仟柒佰伍拾捌元整			（小写）¥18758.00		
备注							

开票人：　王东

实训材料 8－63－1

电子发票（增值税专用发票）

发票号码：24342000000000015907

开票日期：2024年07月26日

购买方信息	名称：	日新公司				销售方信息	名称：	临江明远供电公司		
	统一社会信用代码/纳税人识别号：91341001012412956K						统一社会信用代码/纳税人识别号：913430011503413980Q			

项目名称	规格型号	单位	数量	单价	金额	税率/征收率	税额
*供电*售电		度	4200	0.50	2100.00	13%	273.00
合　计					¥2100.00		¥273.00
价税合计（大写）		⊗ 贰仟叁佰柒拾叁元整			（小写）¥2373.00		
备注							

开票人：　朱丹

8

实训材料 8-63-2

电子发票（增值税专用发票）

发票号码：24342000000000016075
开票日期：2024年07月26日

购买方信息	名称：日新公司		销售方信息	名称：临江华衍供水公司		
	统一社会信用代码/纳税人识别号：91341001012412956K			统一社会信用代码/纳税人识别号：91340206209812463S		

项目名称 规格型号	单位	数量	单价	金额	税率/征收率	税额
*水冰雪*自来水		800	1.00	800.00	9%	72.00
合　计				¥800.00		¥72.00
价税合计（大写）　⊗ 捌佰柒拾贰元整				（小写）¥872.00		
备注						

开票人：何海丽

实训材料 8-63-3

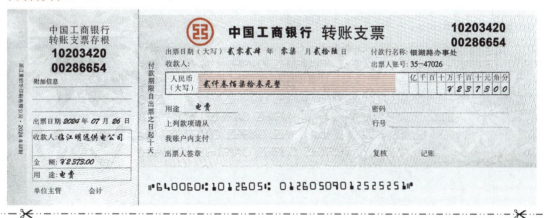

实训材料 8-63-4

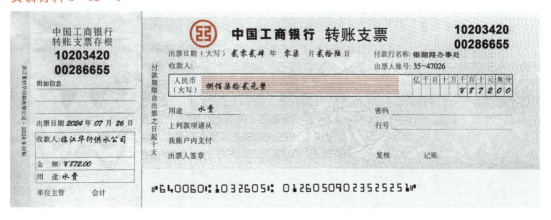

8

实训材料 8 - 63 - 5　　　　　**日新公司电费分配表**　　　　　金额单位：元

分 配 对 象	分 配 标 准	分 配 率	分 摊 额
合　　计			

会计　　　　　　　　复核　　　　　　　　制表

✂ — ✂

实训材料 8 - 63 - 6　　　　　**日新公司水费分配表**　　　　　金额单位：元

分 配 对 象	分 配 标 准	分 配 率	分 摊 额
合　　计			

会计　　　　　　　　复核　　　　　　　　制表

✂ — ✂

实训材料 8 - 64 - 1

电子发票（增值税专用发票）　　　发票号码：24342000000000017122
　　　　　　　　　　　　　　　　　开票日期：2024年07月27日

购买方信息	名称：	日新公司		销售方信息	名称：	临江富民材料公司	
	统一社会信用代码/纳税人识别号：	91341001012412956K			统一社会信用代码/纳税人识别号：	91343001347585784F	

项目名称	规格型号	单 位	数 量	单 价	金 额	税率/征收率	税 额
*化学原料及制品*C材料		千克	4000	0.40	1600.00	13%	208.00
					¥1600.00		¥208.00

价税合计（大写）	⊗ 壹仟捌佰零捌元整	（小写）¥1808.00
备注		

开票人：　周康

8

实训材料 8－64－2

中国工商银行 转账支票存根	中国工商银行 转账支票

中国工商银行
转账支票存根
10203420
00286656

附加信息＿＿＿＿

出票日期 **2024** 年 **07** 月 **27** 日
收款人：**临江富民材料公司**
金 额：￥**1 808.00**
用 途：**货款**
单位主管　　会计

付款期限自出票之日起十天

中国工商银行　转账支票
10203420
00286656

出票日期（大写）**贰零贰肆** 年 **零柒** 月 **贰拾柒** 日　付款行名称：**银湖路办事处**
收款人：　　　　　　　　　　　　　　　　出票人账号：35－47026
人民币（大写）**壹仟捌佰零捌元整**　　亿千百十万千百十元角分 ￥1 8 0 8 0 0
用途 **货款**　　　　　　密码＿＿＿＿
上列款项请从　　　　　　行号＿＿＿＿
我账户内支付
出票人签章　　　　　　复核　　记账

⑆640161⑈ 102260⑆ 012605090225252521⑆

实训材料 8－64－3　　　　**日新公司收料单**

供货单位：**临江富民材料公司**　　　　　　　　　　凭证编号：
发票编号：　　　　　　　**2024** 年 **07** 月 **27** 日　　　收料仓库：

类别	编号	名称	规格	单位	数量		实际成本			
					应收	实收	单价	金额	运费	合计
		C材料		千克	4 000	4 000	0.40	1 600.00		1 600.00

主管：　　　　　记账：　　　　　仓库保管：**李强**　　　　经办人：

8

实训材料 8－65－1

电子发票（增值税专用发票）

发票号码：24342000000000017347

开票日期：2024年07月28日

购买方信息	名称：日新公司	销售方信息	名称：临江红星材料厂
	统一社会信用代码/纳税人识别号：91341001012412956K		统一社会信用代码/纳税人识别号：91343001503750861R

项目名称	规格型号	单位	数量	单价	金额	税率/征收率	税额
*化学原料及制品*A材料		千克	6000	1.00	6000.00	13%	780.00
合　计					¥6000.00		¥780.00

价税合计（大写）	⊗ 陆仟柒佰捌拾元整	（小写）¥6780.00

备注	

开票人：刘建

实训材料 8－65－2　　　　**日新公司收料单**

供货单位：临江红星材料厂　　　　　　　　　　　　　　凭证编号：

发票编号：　　　　　　　2024年 07月 28日　　　　　　收料仓库：

类别	编号	名称	规格	单位	数　量		实　际　成　本			
					应收	实收	单价	金额	运费	合计
		A材料		千克	6 000	6 000	1.00	6 000.00		6 000.00

主管：　　　　　记账：　　　　　仓库保管：李强　　　　　经办人：

8

实训材料 8-66-1

电子发票（增值税专用发票）

发票号码：　24342000000000018269

开票日期：　2024年07月29日

购买方信息	名称： **博凡公司**
	统一社会信用代码/纳税人识别号： 91341002571940038R

销售方信息	名称： **日新公司**
	统一社会信用代码/纳税人识别号： 91341001012412956K

项目名称	规格型号	单位	数量	单价	金额	税率/征收率	税额
*美容护肤品*甲产品		千克	8000	1.50	12000.00	13%	1560.00
*美容护肤品*乙产品		千克	8000	1.80	14400.00	13%	1872.00
*美容护肤品*丙产品		千克	6000	3.00	18000.00	13%	2340.00
*美容护肤品*丁产品		千克	6000	3.50	21000.00	13%	2730.00
合　计					¥65400.00		¥8502.00

价税合计（大写）　⊗柒万叁仟玖佰零贰元整　（小写）¥73902.00

备注

开票人： **王东**

- - - ✂ - ✂ - - -

实训材料 8-66-2　　中国工商银行　进账单　（收账通知）　**3**

2024年 07月 29日

出票人	全　称	**博凡公司**	收款人	全　称	**日新公司**
	账　号	15-83091		账　号	35-47026
	开户银行	工行弋江路办事处		开户银行	工行银湖路办事处

金额	人民币（大写） 柒万叁仟玖佰零贰元整	亿	千	百	十	万	千	百	十	元	角	分
					¥	7	3	9	0	2	0	0

票据种类	转账支票	票据张数	1
票据号码		0056427	

复核　记账

收款人开户银行签章

此联是收款人开户银行交给收款人的收账通知

8

实训材料 8－67－1　　　　　　　**日新公司工资费用分配表**

年　月　日　　　　　　　　　　　　　　　　单位：元

应 借 科 目		工 资 总 额
合　　计		

会计　　　　　　　　　　　复核　　　　　　　　　制表

- - - ✂ - ✂ - - -

实训材料 8－68－1　　　　　　　**日新公司现金盘点报告表**

2024 年 07 月 31 日　　　　　　　　　　　　　　　单位：元

币　别	实存金额	账存金额	对 比 结 果		备　注
			盘　盈	盘　亏	
人民币	*1 240.00*	*1 230.00*	*10.00*		

盘点人：　　　　　　　　　　　　　　出纳员：

- - - ✂ - ✂ - - -

实训材料 8－69－1　　　　　　　**日新公司固定资产折旧计提表**

年　月　日　　　　　　　　　　　　　　　　单位：元

部　　门	应 借 科 目	金　　额
合　　计		

会计　　　　　　　　　　　复核　　　　　　　　　制表

8

实训材料 8－70－1　　　　　　　　**日新公司应付利息计算表**

年　月　日　　　　　　　　　　金额单位：元

银行借款金额	月　利　率	应 付 利 息
79 600.00	0.45%	
180 000.00	0.5%	
合　　计		

会计　　　　　　　　　　　复核　　　　　　　　　　制表

实训材料 8－71－1　　　　　　　　**日新公司制造费用分配表**　　　　金额单位：元

分 配 对 象	分 配 标 准	分 配 率	分 摊 额
合　　计			

会计　　　　　　　　　　　复核　　　　　　　　　　制表

实训材料 8－72－1　　　　　　　　**日新公司制造费用分配表**　　　　金额单位：元

分 配 对 象	分 配 标 准	分 配 率	分 摊 额
合　　计			

会计　　　　　　　　　　　复核　　　　　　　　　　制表

8

实训材料 8－73－1

日新公司产成品入库单

年 月 日

编 号	名 称	单 位	数 量	单位成本	金 额
合 计					

保管员　　　　　　　　　　　　　　　制表

第三联会计记账

---✂--✂---

实训材料 8－73－2

日新公司产成品入库单

年 月 日

编 号	名 称	单 位	数 量	单位成本	金 额
合 计					

保管员　　　　　　　　　　　　　　　制表

第三联会计记账

---✂--✂---

实训材料 8－74－1

日新公司销售产品生产成本计算表

年 月 日

金额单位：元

产 品 名 称	销 售 数 量	单 位 生 产 成 本	金 额
合 计			

会计　　　　　　　　　复核　　　　　　　　　制表

第三联会计记账

8

实训材料 8 - 75 - 1　　　　　　　　应交税费计算表

年　月　日至　年　月　日　　　　　　　　金额单位：元

项　　目	计税金额	适用税率	税　　额	备　注
城市维护建设税		7%		
教育费附加		3%		
合　　计				

会计主管：　　　　　　　　复核：　　　　　　　　制表：

- - ✄ - ✄ - -

实训材料 8 - 76 - 1　　　　结转利润前收支损益账户余额表

2024 年 7 月 31 日　　　　　　　　单位：元

收 入 类 科 目		支 出 类 科 目	
项　目	金　额	项　目	金　额
主营业务收入		主营业务成本	
其他业务收入		税金及附加	
投资收益		其他业务成本	
营业外收入		销售费用	
公允价值变动损益		管理费用	
		财务费用	
		资产减值损失	
		营业外支出	
合　计		合　计	

8

三、实训要求

(一) 手工会计实训

根据实训资料建账、编制凭证、登记账簿、编制会计报表、整理装订会计资料。

(二) 会计信息化技能实训

(1) 根据建账信息建立账套。

(2) 根据期初设置信息进行账套初始化设置。

(3) 根据 7 月份发生的经济业务,会计人员在总账系统中填制记账凭证。

(4) 根据会计人员填制的记账凭证,会计主管在总账系统中审核凭证。

(5) 会计人员在总账系统中对已审核凭证进行记账。

(6) 会计人员月末在总账系统中查询账簿。

(7) 会计人员月末在总账系统中编制资产负债表、利润表。

四、实训指引

(一) 手工会计实训

(1) 根据实训资料(四)的期初建账资料 1,开设总分类账户,并登记期初余额。

(2) 根据实训资料(四)的期初建账资料 2,开设库存现金日记账、银行存款日记账和各明细账,并登记期初余额。

(3) 根据实训资料(五)填制部分原始凭证。

(4) 根据原始凭证,填制记账凭证。

(5) 根据原始凭证或记账凭证登记日记账、明细账。

(6) 记账凭证每 10 天汇总一次,编制科目汇总表。

(7) 根据科目汇总表登记总账。

(8) 对账结账。

(9) 编制资产负债表和利润表。

(10) 本次实训所需材料:记账凭证 100 张,科目汇总表 3 张,总账账簿 1 本,库存现金日记账 1 本,银行存款日记账 1 本,三栏式明细账账页 14 张,多栏式明细账账页 7 张,数量金额式明细账账页 8 张,横线登记式明细账账页 4 张。

(二) 会计信息化技能实训

1. 建账信息

操作步骤:admin 登录系统管理—账套—建立—新建空白账套。账套资料如表 8 - 3 所示。

表 8 - 3 账 套 资 料

账套号	学号后三位
账套名称	日新公司
启用会计期	2024 年 7 月

注:会计信息化技能实训使用用友 U8 财务软件。

8

续 表

单位名称	日新公司
单位简称	日新
单位地址	临江市银湖路 16 号
法人代表	赵明
联系电话	0553 - 3268116
纳税人识别号	91341001012412956K
企业类型	工业
行业性质	2007 年新会计制度科目
账套主管	demo
存货是否分类	否
客户是否分类	否
供应商是否分类	否
编码方案	科目编码级次 4 - 2 - 2 - 2,其他默认
数据精度	默认为 2
系统启用	总账 2021 - 07 - 01

2. 期初设置

(1)增加用户、设置权限。

部分用户及权限如表 8 - 4 所示。

① 操作步骤 1:admin 登录系统管理—权限—用户—增加。

② 操作步骤 2:admin 登录系统管理—权限—权限—修改。

表 8 - 4 部分用户及权限

编号	姓名	权　限
01	张亚民	账套主管
02	李爽	财务会计—总账所有权限,财务会计—UFO 报表所有权限。
03	王建	财务会计—总账—凭证—凭证处理、查询凭证,财务会计—总账—账表,财务会计—总账—期末,财务会计—UFO 报表所有权限,基本信息—公用目录设置—财务。

(2)基础档案设置。

① 结算方式设置。操作步骤:01 登录企业应用平台—基础设置—基础档案—收付结算—结算方式。结算方式如表 8 - 5 所示。

表 8-5 结 算 方 式

结算方式编码	结算方式名称	票据管理
1	现金	否
2	支票	否
201	现金支票	否
202	转账支票	否
9	其他	否

② 凭证类别设置。操作步骤：01 登录企业应用平台—基础设置—基础档案—财务—凭证类别。凭证类别如表 8-6 所示。

表 8-6 凭 证 类 别

类别字	类别名称	限制类型	限制科目	调整期
记	记账凭证	无限制		

③ 计量单位。操作步骤：01 登录企业应用平台—基础设置—基础档案—存货—计量单位。计量单位如表 8-7 所示。

表 8-7 计 量 单 位

计量单位组编码	1
计量单位组名称	计量单位
计量单位组类别	无换算率
计量单位编码	101
计量单位名称	千克

④ 总账系统参数。操作步骤：01 登录企业应用平台—业务工作—财务会计—总账—设置—选项。参数设置如表 8-8 所示。

表 8-8 参 数 设 置

选项卡	参数设置
凭证	取消现金流量科目必录现金流量项目
权限	不许修改、作废他人填制的凭证
会计日历	数量小数位为 2，单价小数位为 2，本位币精度为 2

⑤ 增加、修改会计科目。操作步骤：01 登录企业应用平台—基础设置—基础档案—财务—会计科目。会计科目如表 8-9 所示。

8

表 8-9　　　　　　　　　　会 计 科 目

科目代码	科目名称	方向	辅助核算	计量单位
1001	库存现金	借	日记账	
1002	银行存款	借	日记账、银行账	
112201	利民公司	借		
112202	博凡公司	借		
112203	东方商场	借		
220201	临江红星材料厂	贷		
220202	华伟材料厂	贷		
220203	临江富民材料公司	贷		
140201	A 材料	借		
140202	B 材料	借		
140203	C 材料	借		
140204	D 材料	借		
140301	A 材料	借	数量核算	千克
140302	B 材料	借	数量核算	千克
140303	C 材料	借	数量核算	千克
140304	D 材料	借	数量核算	千克
140501	甲产品	借	数量核算	千克
140502	乙产品	借	数量核算	千克
140503	丙产品	借	数量核算	千克
140504	丁产品	借	数量核算	千克
222101	应交增值税	贷		
22210101	进项税	借		
22210102	销项税	贷		
22210103	进项税额转出	贷		
22210104	转出未交增值税	贷		
222102	未交增值税	贷		
222103	应交城市维护建设税	贷		
222104	应交教育费附加	贷		

8

科目代码	科目名称	方向	辅助核算	计量单位
222105	应交地方教育附加	贷		
222106	应交印花税	贷		
222107	应交企业所得税	贷		
222108	应交个人所得税	贷		
500101	甲产品	借		
50010101	直接材料	借		
50010102	直接人工	借		
50010103	制造费用	借		
500102	乙产品	借		
50010201	直接材料	借		
50010202	直接人工	借		
50010203	制造费用	借		
500103	丙产品	借		
50010301	直接材料	借		
50010302	直接人工	借		
50010303	制造费用	借		
500104	丁产品	借		
50010401	直接材料	借		
50010402	直接人工	借		
50010403	制造费用	借		
510101	一车间	借		
51010101	职工薪酬	借		
51010102	折旧费	借		
51010103	水电费	借		
51010104	办公费	借		
51010199	其他	借		
510102	二车间	借		
51010201	职工薪酬	借		

8

续　表

科目代码	科目名称	方向	辅助核算	计量单位
51010202	折旧费	借		
51010203	水电费	借		
51010204	办公费	借		
51010299	其他	借		
660101	广告费	支出		
660201	职工薪酬	支出		
660202	折旧费	支出		
660203	办公费	支出		
660204	差旅费	支出		
660205	水电费	支出		
660299	其他	支出		
600101	甲产品	收入	数量核算	千克
600102	乙产品	收入	数量核算	千克
600103	丙产品	收入	数量核算	千克
600104	丁产品	收入	数量核算	千克
640101	甲产品	支出	数量核算	千克
640102	乙产品	支出	数量核算	千克
640103	丙产品	支出	数量核算	千克
640104	丁产品	支出	数量核算	千克
6403	税金及附加	支出		

⑥ 录入总账期初余额。操作步骤：01 登录企业应用平台—业务工作—财务会计—总账—设置—期初余额。期初余额如表 8-10 所示。

表 8-10　　　　　　　　　　　期 初 余 额

科目名称	方向	币别/计量	年初余额	期初余额
库存现金(1001)	借		930.00	930.00
银行存款(1002)	借		206 920.00	206 920.00
交易性金融资产(1101)	借		56 400.00	56 400.00
应收账款(1122)	借		32 000.00	32 000.00

8

科目名称	方向	币别/计量	年初余额	期初余额
利民公司(112201)	借		8 000.00	8 000.00
博凡公司(112202)	借		4 000.00	4 000.00
东方商场(112203)	借		20 000.00	20 000.00
其他应收款(1221)	借		2 000.00	2 000.00
在途物资(1402)	借		6 000.00	6 000.00
B 材料(140202)	借		6 000.00	6 000.00
	借	千克	4000.00	4 000.00
原材料(1403)	借		48 880.00	48 880.00
A 材料(140301)	借		18 880.00	18 880.00
	借	千克	18 880.00	18 880.00
B 材料(140302)	借		12 000.00	12 000.00
	借	千克	8 000.00	8 000.00
C 材料(140303)	借		12 000.00	12 000.00
	借	千克	3 000.00	3 000.00
D 材料(140304)	借		6 000.00	6 000.00
	借	千克	600.00	600.00
库存商品(1405)	借		89 600.00	89 600.00
甲产品(140501)	借		8 800.00	8 800.00
	借	千克	11 000.00	11 000.00
乙产品(140502)	借		20 000.00	20 000.00
	借	千克	20 000.00	20 000.00
丙产品(140503)	借		32 000.00	32 000.00
	借	千克	16 000.00	16 000.00
丁产品(140504)	借		28 800.00	28 800.00
	借	千克	12 000.00	12 000.00
周转材料(1411)	借		15 000.00	15 000.00
固定资产(1601)	借		1 800 000.00	1 800 000.00
累计折旧(1602)	贷		320 000.00	320 000.00

8

续 表

科目名称	方向	币别/计量	年初余额	期初余额
短期借款(2001)	贷		79 600.00	79 600.00
应付账款(2202)	贷		40 000.00	40 000.00
临江红星材料厂(220201)	贷		10 000.00	10 000.00
华伟材料厂(220202)	贷		16 000.00	16 000.00
临江富民材料公司(220203)	贷		14 000.00	14 000.00
应付职工薪酬(2211)	贷		41 000.00	41 000.00
其他应付款(2241)	贷		1 600.00	1 600.00
实收资本(4001)	贷		1 300 000.00	1 300 000.00
盈余公积(4101)	贷		177 340.00	177 340.00
本年利润(4103)	贷		630 000.00	630 000.00
利润分配(4104)	借		327 280.00	327 280.00
生产成本(5001)	借		4 530.00	4 530.00
丁产品(500104)	借		4 530.00	4 530.00
直接材料(50010401)	借		3 700.00	3 700.00
直接人工(50010402)	借		510.00	510.00
制造费用(50010403)	借		320.00	320.00

3. 日新公司 2024 年 7 月份经济业务处理

(1) 填制凭证。

会计人员根据实训资料(五)中的原始单据在总账系统中填制记账凭证。操作步骤：03 登录企业应用平台—财务会计—总账—凭证—填制凭证—增加。

(2) 审核凭证。

会计主管根据会计人员填制的凭证进行逐笔审核。操作步骤：02 登录企业应用平台—财务会计—总账—凭证—审核凭证—审核。

(3) 对账、记账。

会计人员根据实训资料(五)中的原始单据核对 7 月账务处理是否正确,对 7 月已审核凭证进行记账。操作步骤：03 登录企业应用平台—财务会计—总账—凭证—记账。

(4) 查询账簿。

① 查询日记账、明细账。

操作步骤 1：03 登录企业应用平台—财务会计—总账—账表—科目账—日记账—银行存款。

操作步骤 2：03 登录企业应用平台—财务会计—总账—账表—科目账—明细账。

② 查询科目余额表。

操作步骤：03 登录企业应用平台—财务会计—总账—账表—科目账—余额表。

③ 查询总账。

操作步骤：03 登录企业应用平台—财务会计—总账—账表—科目账—总账。

4. 编制资产负债表和利润表

根据 7 月份账务处理编制资产负债表和利润表。操作步骤：03 登录企业应用平台—财务会计—UFO 报表—新建—格式—报表模板—2007 年新会计制度科目—资产负债表（利润表）。

8

项目九　管理会计档案

学 习 指 导

一、会计档案概述

（一）会计档案的概念

会计档案是指会计凭证、会计账簿和财务报告等会计核算专业资料，是记录和反映企事业单位经济业务发生情况的重要史料和证据，属于单位的重要经济档案，是检查企事业单位过去经济活动的重要依据，也是国家档案的重要组成部分。

（二）会计档案的内容

1. 会计凭证类

会计凭证类档案包括原始凭证、记账凭证、汇总凭证、其他会计凭证。

2. 会计账簿类

会计账簿类档案包括总账、明细账、日记账、固定资产卡片、辅助账簿、其他会计账簿。

3. 财务报告类

财务报告类档案是指月度、季度、年度财务报告，包括会计报表、附表、附注及文字说明、其他财务报告。

4. 其他类

其他类档案包括银行存款余额调节表、银行对账单、其他应当保存的会计核算专业资料、会计档案移交清册、会计档案保管清册、会计档案销毁清册等。

二、会计档案的归档

会计档案的整理有以下几点要求：

（1）分类标准要统一。

（2）档案形成要统一。

（3）管理要求要统一。

单位当年形成的会计档案，在会计年度终了后，可暂由本单位会计机构保管1年。期满之后，应由会计机构编制移交清册，移交本单位的档案机构统一保管；未设立档案机构的，应当在会计机构内部指定专人保管，但出纳人员不得兼管会计档案。

单位会计机构向单位档案部门移交会计档案的程序是：

（1）编制移交清册，填写交接清单。

（2）在账簿"使用日期"栏填写移交日期。

（3）交接人员按移交清册和交接清单所列项目核查无误后签章。

三、会计档案的保管

（一）会计档案的保管要求

会计档案保管地点应具备防盗、防火、防潮、防尘、防有害生物、防日光和防其他毁损等条件，严防会计档案毁坏损失。设置归档登记簿、档案目录登记簿、档案借阅登记簿，严防会计档案散失和泄密。会计电算化档案保管要注意防盗、防磁等安全措施。

单位之间交接会计档案的，交接双方应当办理会计档案交接手续。移交会计档案的单位，应当编制会计档案移交清册，列明应当移交的会计档案名称、卷号、册数、起止年度和档案编号、应保管期限、已保管期限等内容。交接会计档案时，交接双方应当按照会计档案移交清册所列内容逐项交接，并由交接双方的单位负责人负责监交。交接完毕后，交接双方经办人和监交人应当在会计档案移交清册上签名或者盖章。

（二）会计档案的保管期限

企业和其他组织会计档案保管期限如表9-1所示。

表9-1　　　　企业和其他组织会计档案保管期限表

序号	档案名称	保管期限	备注
一	会计凭证		
1	原始凭证	30年	
2	记账凭证	30年	
二	会计账簿		
3	总账	30年	
4	明细账	30年	
5	日记账	30年	
6	固定资产卡片		固定资产报废清理后保管5年
7	其他辅助性账簿	30年	
三	财务会计报告		
8	月度、季度、半年度财务会计报告	10年	
9	年度财务会计报告	永久	
四	其他会计资料		
10	银行存款余额调节表	10年	
11	银行对账单	10年	
12	纳税申报表	10年	
13	会计档案移交清册	30年	
14	会计档案保管清册	永久	
15	会计档案销毁清册	永久	
16	会计档案鉴定意见书	永久	

四、会计档案的查阅和复制

各单位保存的会计档案不得借出。如有特殊需要,经本单位负责人批准,可以提供查阅或者复制。单位内部人员借阅会计档案时,应经会计主管人员或单位领导批准后,办理借阅手续;外部借阅会计档案时,应持有单位正式介绍信,经会计主管人员或单位领导人批准后,办理借阅手续。

借阅人应填写档案借阅登记簿,登记借阅人姓名、单位、日期、数量、内容、归期等情况。查阅或者复制会计档案的人员,严禁在会计档案上涂画、拆封和抽换。

五、会计档案的销毁

单位应当定期对已到保管期限的会计档案进行鉴定,并形成会计档案鉴定意见书。经鉴定,仍需继续保存的会计档案,应当重新划定保管期限;对保管期满,确无保存价值的会计档案,应当按照以下程序销毁:

(1) 单位档案管理机构编制会计档案销毁清册,列明拟销毁会计档案的名称、卷号、册数、起止年度、档案编号、应保管期限、已保管期限和销毁时间等内容。

(2) 单位负责人、档案管理机构负责人、会计管理机构负责人、档案管理机构经办人、会计管理机构经办人在会计档案销毁清册上签署意见。

(3) 单位档案管理机构负责组织会计档案销毁工作,并与会计管理机构共同派员监销。监销人在会计档案销毁前,应当按照会计档案销毁清册所列内容进行清点核对;在会计档案销毁后,应当在会计档案销毁清册上签名或盖章。电子会计档案的销毁还应当符合国家有关电子档案的规定,并由单位档案管理机构、会计管理机构和信息系统管理机构共同派员监销。

习　　题

一、判断题

1. 各单位每年形成的会计档案,都应由会计机构按照归档的要求,负责整理立卷,装订成册,编制会计档案保管清册。　　　　　　　　　　　　　　　　　　　　　　　　（　　）

2. 会计档案包括会计凭证、会计账簿、财务会计报告,但不包括银行存款余额调节表、银行对账单、会计档案保管清册和会计档案销毁清册等。　　　　　　　　　　　　　（　　）

3. 会计档案的保管期限,从会计年度终了后的第 1 天算起。各类会计档案的具体保管期限按照《会计档案管理办法》的规定执行。　　　　　　　　　　　　　　　　　　（　　）

4. 我国境内所有单位的会计档案可以携带出境。　　　　　　　　　　　　　（　　）

5. 保管期满但尚未结清的债权债务原始凭证,不得销毁,应单独抽出立卷。　　（　　）

6. 会计档案交接完毕后,交接双方的领导和监交人应当在会计档案移交清册上签名或者盖章。　　　　　　　　　　　　　　　　　　　　　　　　　　　　　　　　（　　）

7. 本单位人员调阅会计档案,应经会计主管人员同意。外单位人员调阅会计档案,应有正式介绍信,经本单位领导批准。　　　　　　　　　　　　　　　　　　　　　　（　　）

8.《会计档案管理办法》规定的会计档案保管期限为最低保管期限,各项单位会计档案的保管原则上应当按照《会计档案管理办法》执行。　　　　　　　　　　　　（　　）

9. 会计档案保管期满需要销毁的,由本单位会计机构提出销毁意见,编制会计档案销毁清册。单位负责人应当在会计档案销毁清册上签署意见。　　　　　　　　（　　）

10. 企业和其他组织的银行存款余额调节表、银行对账单和固定资产报废清理后的固定资产卡片等会计档案保管期限应当为 3 年。　　　　　　　　　　　　　　　（　　）

11. 会计账簿类会计档案的保管期限均为 15 年。　　　　　　　　　　　　　（　　）

12. 单位因撤销、解散、破产或者其他原因而终止的,在终止和办理注销登记手续之前形成的会计档案,应当由终止单位的业务主管部门或财产所有者代管或移交有关档案馆代管。
　　　　　　　　　　　　　　　　　　　　　　　　　　　　　　　　　　（　　）

13. 会计主管人员在会计档案销毁清册上签署意见。　　　　　　　　　　　（　　）

14. 对于保管期满尚未结清的债权债务原始凭证和涉及其他未了事项的原始凭证,不得销毁,应当单独抽出,另行立卷,保管到未了事项完结时为止。　　　　　　　　（　　）

15. 各单位保存的会计档案不得借出。　　　　　　　　　　　　　　　　　（　　）

二、单项选择题

1. 按照我国《会计档案管理办法》的规定,记账凭证的保管期限是(　　　　)。

A. 5 年　　　　　　　B. 15 年　　　　　　　C. 30 年　　　　　　　D. 永久

2. 会计档案的保管期限是从(　　　　)算起。

A. 会计年度终了后第一天　　　　　　　B. 审计报告之日

C. 移交档案管理机构之日　　　　　　　D. 会计资料的整理装订日

3. 各单位每年形成的会计档案,都应由(　　　　)负责整理立卷,装订成册,编制会计档案保管清册。

A. 会计机构　　　　　　　　　　　　　B. 档案部门

C. 人事部门　　　　　　　　　　　　　D. 指定专人

4. 各种会计档案的保管期限,根据其特点分为永久、定期两类。定期保管期限分为(　　　　)。

A. 10 年、20 年 2 种　　　　　　　　　B. 1 年、5 年、10 年、15 年、20 年 5 种

C. 10 年、30 年 2 种　　　　　　　　　D. 3 年、5 年、10 年、15 年、25 年 5 种

5. 企业年度财务报告的保管期限为(　　　　)。

A. 5 年　　　　　　　B. 15 年　　　　　　　C. 25 年　　　　　　　D. 永久

6. 根据《会计档案管理办法》规定,企业银行存款余额调节表的保管期限为(　　　　)。

A. 1 年　　　　　　　B. 5 年　　　　　　　C. 10 年　　　　　　　D. 15 年

7. 根据《会计档案管理办法》规定,企业原始凭证的保管期限是(　　　　)。

A. 5 年　　　　　　　B. 15 年　　　　　　　C. 30 年　　　　　　　D. 永久

8. (　　　　)是指会计凭证、会计账簿和财务会计报告等会计核算专业材料,是记录和反映单位经济业务的重要史料和证据。

A. 会计档案　　　　　　　　　　　　　B. 会计报表

C. 会计报告　　　　　　　　　　　　　D. 会计文件

9. 按照《会计法》规定,各级人民政府财政部门和(　　　　)共同负责会计档案工作的指导、

9

监督和检查。

A. 工商行政管理部门　　　　　　　B. 档案行政管理部门

C. 统计行政管理部门　　　　　　　D. 执法行政管理部门

10. 根据《会计档案管理办法》的规定,会计档案不包括( )。

A. 会计凭证　　　　B. 会计账簿　　　　C. 购销合同　　　　D. 财务报告

三、多项选择题

1. 档案部门接收保管的会计档案需要拆封重新整理时,不正确的做法有( )。

A. 由原封装人员拆封整理

B. 由原财务会计部门拆封整理

C. 由档案部门拆封整理

D. 由档案部门会同原财务会计部门和经办人员共同拆封整理

2. 会计档案的具体内容包括( )。

A. 会计凭证　　　　　　　　　　　B. 会计账簿

C. 财务会计报告　　　　　　　　　D. 其他会计账簿

3. 下列各项属于其他会计资料的有( )。

A. 银行存款余额调节表　　　　　　B. 会计档案移交清册

C. 会计档案保管清册　　　　　　　D. 银行对账单

4. 按照《会计档案管理办法》的规定,下列说法中正确的有( )。

A. 会计档案的保管期限分为 3 年、5 年、10 年、15 年、25 年 5 类

B. 单位合并后原各单位仍存续的,其会计档案仍应由原各单位保管

C. 企业银行存款余额调节表、银行对账单和固定资产卡片于固定资产报废清理后保管 5 年

D. 我国境内所有单位的会计档案不得携带出境

5. 单位因撤销、解散、破产或者其他原因而终止的,在终止和办理注销登记手续之前形成的会计档案,应当由( )等代管。

A. 终止单位的业务主管部门　　　　B. 财产所有者

C. 移交的有关档案馆　　　　　　　D. 市场监督管理部门

6. 会计档案销毁清册是销毁会计档案的书面记录和报批文件,其内容一般应包括( )。

A. 销毁会计档案的名称　　　　　　B. 卷号、册数、起止年度和档案编号

C. 应保管期限和已保管期限　　　　D. 销毁时间

7. ( )在会计档案销毁清册上签署意见。

A. 单位负责人　　　　　　　　　　B. 会计部门负责人

C. 档案部门负责人　　　　　　　　D. 业务部门负责人

9

四、思考题

1. 会计档案的具体内容有哪些?

2. 会计档案的保管年限有哪些具体规定?

3. 会计档案在查阅、复制、销毁的过程应注意哪些问题？

实 训

一、实训目标

学生通过实训，能按照规范要求整理、装订凭证、账簿、报表等会计档案资料。

二、实训资料

项目八实训的相关资料。

三、实训要求

（1）整理、装订项目八实训所形成的凭证、账簿、报表等会计档案资料。

（2）本次实训所需材料：铁锥或装订机、线绳、铁夹、胶水、凭证封皮、包角纸、账簿封皮、报表封皮等。

主要参考文献

[1] 王炜.基础会计[M].6 版.北京：高等教育出版社,2024.

[2] 王炜,季学芳.基础会计模拟实训[M].6 版.北京：高等教育出版社,2024.

[3] 中华人民共和国财政部,国家档案局.会计档案管理办法[S].2015.

[4] 财政部会计司.关于修订印发 2019 年度一般企业财务报表格式的通知[S].2019.

[5] 财政部会计财务评价中心.初级会计实务[M].北京：经济科学出版社,2023.

高等教育出版社

仅限教师索取

感谢您使用本书。为方便教学，我社为教师提供资源下载、样书申请等服务，如贵校已选用本书，您只要关注微信公众号"高职财经教学研究"，或加入下列教师交流QQ群即可免费获得相关服务。

"高职财经教学研究"公众号

资源下载： 点击**"教学服务"**—**"资源下载"**，或直接在浏览器中输入网址（http://101.35.126.6/），注册登录后可搜索相应的资源并下载。（建议用电脑浏览器操作）

样书申请： 点击**"教学服务"**—**"样书申请"**，填写相关信息即可申请样书。

样章下载： 点击**"教学服务"**—**"教材样章"**，即可下载在供教材的前言、目录和样章。

题库申请： 点击**"题库申请"**，填写相关信息即可申请题库或下载试卷。

师资培训： 点击**"师资培训"**，获取最新会议信息、直播回放和往期师资培训视频。

联系方式

会计QQ3群：473802328　　会计QQ2群：370279388　　会计QQ1群：554729666

（以上3个会计QQ群，加入任何一个即可获取教学服务，请勿重复加入）

联系电话：（021）56961310　　电子邮箱：3076198581@qq.com

在线试题库及组卷系统

我们研发有十余门课程试题库："基础会计""财务会计""成本计算与管理""财务管理""管理会计""税务会计""税法""税收筹划""审计基础与实务""财务报表分析""EXCEL在财务中的应用""大数据基础与实务""会计信息系统应用""政府会计""内部控制与风险管理"等，平均每个题库近3000题，知识点全覆盖，题型丰富，可自动组卷与批改。如贵校选用了高教社沪版相关课程教材，我们可免费提供给教师每个题库生成的各6套试卷及答案（Word格式难中易三档，索取方式见上述"题库申请"），教师也可与我们联系咨询更多试题库详情。